思春期コロシアム

高野優

東京新聞

はじめに

長女が反抗期という名の仮面をかぶるようになったのは、小学校４年生頃から。

いわゆるギャングエイジと呼ばれる年齢らしく、いよいよ来たんだと親のわたしはひるんだり、うなずいたり。

反抗期開始のゴングが鳴ってから、早11年。

長女の反抗期が終わる瞬間に次女が反抗期に入り、重なるように長女が思春期になり、それを追うように次女の思春期が訪れ、長女の思春期の終わりが近づいたと思ったら、待ってましたとばかりに三女が反抗期に突入と、いつまでたっても終わらない花粉症の予報みたい。


終わりが見えない闘いをしているうちに、ひとつだけ気がついたことがある。巷の育児書には、「子どもと真剣に向き合いましょう」と書いてあることが多いけれど、３６５日24時間向き合っていたら、こちらの身がもちやしない。

だからこそ、「子どもに勝たなくてもいい」。恥ずかしいくらい躍起になって、言いまかせようと必死になっていたときもあった。でも、勝たなくてもいいし、ときには負けたっていい。いっそ逃げるときがあってもいいんじゃないかな。

ほら、どこかで新たなゴングが鳴り響いている。舞台はまさにコロシアム。主役は本を手にしてくださっているあなた。

思春期という厄介で長い試合が終わったときは、互いの健闘を労いながら笑っていられますように。身も心もぼろぼろになってしまうかもしれないけれど、そのときは手当に行くから。だからなんとか乗り切りましょう。

この滑稽な毎日は、きっといつかの笑い話。

思春期コロシアム　目次

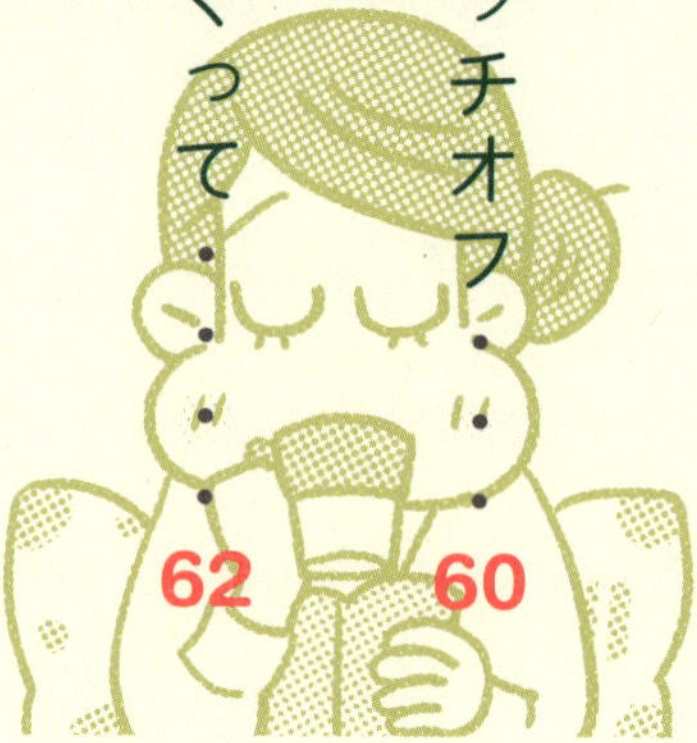

思春期10カウント
～タイムマシンに乗って～

思春期コロシアム

ベストマザー!?

はじめまして
思春期 ぼちぼち卒業予定
筋肉命!!
長女・大学生
思春期真っ最中
美容命!!
次女・高校生
絶賛反抗期中
サッカー命!!
三女・中学生
猫二匹を育てています。
実は先日 ベストマザー賞をいただきました♥
内定の連絡があったときー
この先、娘が怪しい方向に進むかも
若者の暴走
いやいや待てよ わたしだってとんでもない方向に進むかも
中年の暴走
いちばんの難関はー
まさにぎっくり腰中だったこと
はい
はぁ
寝ながらメモ。
表彰式行けるかな。。。
そして迎えた当日 有名人に囲まれて場違い感たっぷり
ぎっくり腰完治
顔も存在感もうすいのに体は厚い。
とは言え、小学校のオセロ大会以来の表彰なので素直にうれしい!!
まだまだ子育て中の身 精進せねば!!
人生初の盾 重くて腕が限界
すべての子どもにとってすべてのお母さんこそがベストマザー♥

これはこれで味があるかも
うふ♥

今回の受賞にあたって、報道関係の方へ書かせていただいたコメントを、こちらでもご紹介。

「今春、長女が大学に入学、そして、小さくて泣いてばかりいた三女が中学生になるということもあり、どこからか、子育て第1ラウンド終了のゴングが聞こえてきたような気がします。

　これからも保護者としての役割はたくさんありますが、まっすぐにこちらを見つめて、『お母さんじゃなくちゃイヤだ!』と、腕を伸ばしていた時期は終わったんだなぁと感慨深いです。胸をなでおろしつつも、なんだかさびしくて。

そんな思いを抱えているときにこのような賞をいただき、驚きと喜びでいっぱいです。『ベストマザー』とは180度かけ離れたわたしですが、『ベストグランドマザー賞(!)』を夢見て、第2ラウンドも、ファイティングポーズでのりきります」

　18年も子育てをしていると、多少のことじゃへこたれなくなった。

「げっぷがでない」「泣きやまない」と、おろおろしていた新米のお母さんだったわたしに、今の姿を見せてあげたい。

　子育てで培った図々しさとたくましさがあれば、これから先もなんとかやっていけるはず。あとは、いつでもどこでもファイティングポーズを忘れずに。

スマホ問題

思春期小僧を育てている親のもっかの悩みと言えば
スマホ問題
長女と三女はスマホと上手につきあっているものの…
問題は次女
わが家のルールは夜10時まで。
21:30
の〜んびり
ところが—
残り時間5分をきると連打の嵐!!
21:55
だだだだっ
両手使い!!
鬼気迫るものさえ感じる始末。わが子ながらなさけない×××
あるときルールを破ったのでスマホ没収!!
そーっと隠すと
警察犬なみの捜索。
必ず探しだすのはお手柄なようなそうじゃないような
で
今は枕の下に入れて眠ることに。
なにやってんだか×××しょうもないバトル『便利』と『厄介』は紙一重。

短大生になった今でもかわらず…

寝ても覚めてもスマホ三昧の次女とは違って、スマホを手にする時間と文庫本を手にしている時間が、ほぼ同じな長女。時々、思いだしたようにスマホを見て、また無造作にそのへんに置いてある。このくらいの使い方が、ちょうどいいような気がする。

　三女はとにかくサッカーが忙しくて、スマホを使うのは電車で移動中にサッカーの動画を観るか、音楽を聴いて楽しむだけ。友達から届くメールやＬＩＮＥに、もうちょっとマメに返信したらいいのに。そんなに無愛想で付き合いは大丈夫？　なんて、親のわたしがやきもきしてしまうほど。

やきもきしているわたしだって、すっかりスマホに頼りきっている。電車や新幹線、飛行機のチケットはスマホのＩＣのなか。移動方法から出張先のホテルまで、スマホで確認しないとわからないほど。

　子どもたちがスマホを使えば使ったで、ぴりぴりと般若のようになり、使わなければ使わないで、おろおろと小型犬のようになり。

　いちばんスマホに踊らされているのは、ほかでもないわたし自身なのかも。ほんの数年前までは無かったこの四角くて小さな機械。いったいどうしたらいいんだろう。

　わが家のスマホ問題、まだまだ続く予感。

テレビ出演

2年ぶりにTVにでることに。
はっ
はっ
おもわず正座
しかも、毎朝娘を見送ったあとに見ている情報番組『スッキリ!!』
視聴者クイズに解答するのも日課
子どもたちは大喜び!!
ミーハー三姉妹
サインもらってー!!
〜放送当日〜
あわわわわっ
TVにでているひとが周りにいるのが謎の異空間
ときに八重歯は凶器
がじ
あせったのか歯で口の内側をかんで流血
放送終了…
長女からダメ出し。
① あせりすぎ
② コメント短すぎ
③ 顔がこわばりすぎ
次女にはなぐさめられ×××
お母さんだって40過ぎて新しいことに挑戦しているんだし
ちなみに三女はー
わたしのほうがコメントうまいかも
どこから目線!?

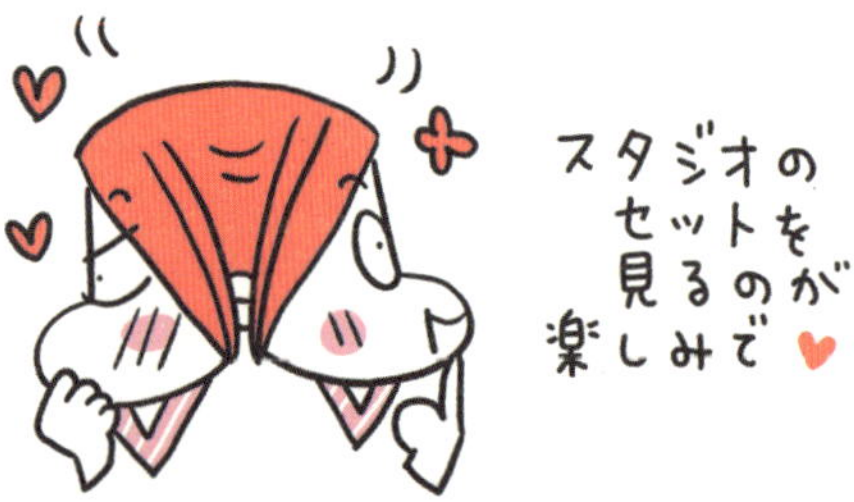

スタジオのセットを見るのが楽しみで

このたび、おもいきってテレビに出演させていただくことになりました。テレビに出演するのは2年ぶり。「スッキリ!!」は、スタッフさんも出演者のみなさんも和気あいあいとしていて、とってもいい雰囲気。右を見ても左を見ても、普段テレビで見ている方たちばかりなので、どきどきして呼吸が早くなりそう。

それなのに、ああ、なんたること! わたしときたら気の利いたコメントが言えなくて、喉の奥でぐっと詰まったまま。これじゃ、ただの置物。それも、縦にも横にも無駄に大きな置物だから、もどかしいったらありゃしない。

そういえばここ数年、「自分ならどうする?」と、自問自答をして考えることが少なくなった。少なくなったというより、ほぼ無くなったのかもしれない。いつだって、ぼーっとテレビを見て、ぼーっと音楽を聴いて、ぼーっと新聞を読む。そんな日々の繰り返し。そのせいか、昔と比べて顔もぼんやりしてきたような……。

ご縁があってテレビに関わらせていただき、こうして新聞にも描かせていただいているのだから、これからは、もっとしっかりと考えてみよう。めざすは五感のフル回転! そんな決意を秘めた今日このごろ。

その前に、まずは口内のケガを治さねば。

もう？ まだ？

忘れもしない長女が中1のころ。
お願い！！
体育祭のあとに打ち上げがあるようでー
みんなは夜中まで遊ぶの！！
1年に1回だけ！！
みんなってだれ！？
夜中？中学生なのに？危ないでしょ！！
あーだこーだと話し合った結果、今回限り門限は9時半。
待ち合わせ場所には
不平不満
泣きながらにらんでいる
ふてくされた中学生
お母さんなんてダイキライ！！みんなまだ遊んでるのに
あとから聞くと…
うちは今回門限7時！！
中学生で打ち上げはNG！！
打ち上げのあと友達の家に泊まったよ
と、実にさまざま。
今、わが家にも中1女子がひとり。
すっかり大きくなったけれど、
26.0cm
ほんの半年前までランドセルをせおっていた幼い小学生。
中学生とはいえ、まだまだ子ども。
嫌われたってかまわないから
守っていかなくちゃ…
時々子どもがこう見える×××

女は片道1時間半もかかるサッカーチームに通っているので、平日は最寄り駅に帰って来るのが夜の10時半を過ぎる。

先日、いつものように駅まで迎えに行くと、友達と楽しそうにじゃれ合いながら改札を出てきた。おしゃべりの相手は、繁華街で遊んだ帰りのクラスメートの女の子。てっきり塾の帰りかと思っていたので、こんな時間まで遊びに出かけて大丈夫なの？と、ふと心配になった。

中学生って、ひどく難しい。

自分はなんでもできると過信しているせいか、ちらちらと自信が見え隠れするものの、実際はできないことばかり。わたしたち保護者側も、中学生に進級したということで、成長に胸をなでおろしてしまいがち。

でも、よーく考えてみると、成長したのは身長や体重と外見だけで、かんじんな内面は、案外幼いままなのかもしれない。目を細めるとほら、背中にうっすらとランドセルが見えてきそうじゃない？

「もう」中学生じゃなくて、「まだ」中学生。

中学生特有のアンバランスさの、なんて面倒なこと。なでおろした手をもう一度ぐっと握りしめなくっちゃ。

祝17歳

わたしのなかでは
幼児のまま
とまっている。

娘

の友達がサプライズの一部始終を動画で撮ってくれたおかげで、イマドキの誕生会を興味深く眺めることができた。

緑豊かな校庭。かすかに聞こえてくるのは、軽やかなおしゃべりと吹奏楽の音色。どこまでも無邪気で、まっすぐな女の子たち。高校生って、なんて眩しくてかわいいんだろう。

わたしも高校生のころ、毎日、おなかを抱えるほど笑って過ごしていた。笑いすぎて、おなかが筋肉痛になるなんて、後にも先にもあのときだけ。将来なんてまるでわからなくって、それでも怖いもの知らずで、とにかく無鉄砲で。楽しいことだけを追い求めて追い続けて、もうめちゃくちゃな3年間だった。

うれしくて泣いたときも、悲しくて悔しくて涙をぬぐったときも、いつも隣には友達が寄り添ってくれていた。

目の前にいるうれしそうな次女の姿に、高校生のときの自分が重なって映る。

17歳を迎えてくれてありがとう。笑い上戸に育ってくれてありがとう。そして、娘の1日に彩りを添えてくれた、優しくてユーモアにあふれた友達にもありがとうと伝えたい。

ひさしぶりに、古い友達に連絡をとってみようかな。

自由な時間

秋は講演会シーズン
たけなわなので
全国あちこちに出没中。
先日は大分県。
手もとのイラストがスクリーンに映ります。
講演会終了後はー
念願の砂風呂へ!!
ざっ
ざっ
潮の香りと
波の音、
砂の温かさで
極楽気分
そこに
外国人観光客
御一行さまが
押し寄せて
撮影大会!!
ひいいいい
ぱしゃ。
ぱしゃ。
こんな
なさけない姿
×××
砂風呂のあとは
レンタカーで空港へ。
途中 あちこちで
湯けむり発見!!
後ろ髪
引かれすぎ
できることなら
一泊したいー!!
でも家には
3人の
子どもたち
ブーフーウー
いつか子どもたちが
全員 巣立ったら
おたのしみは
いつかまた
きっと今の
不自由な時間を
懐かしく感じるのかな。

そっくり

子どもたちが、まだ幼かったころ。

猫の手も、いっそネズミの手でもいいから借りたいくらいの忙しさ。起きているときは怪獣そのものなのに、寝顔はただただ愛らしくて、胸の奥がじんわりとあたたまる。

子どもはかわいい。でも、自分だけの時間がほしくてたまらなかった。

もしも自由な時間が1時間あったら雑誌にでてくるようなお洒落なカフェに、2時間あれば映画館へ。子どもが好きなアニメではなく、自分が好きな洋画を字幕で観よう。3時間もあったら大変！　美容室でパーマをかけて、ヘアトリートメントもお願いしようかな。あまった時間は、前から気になっていた雑貨屋さんへ行こう。

ひとりで過ごす気ままな時間をあれこれ想像しながら、なかなか寝ない怪獣たちを寝かしつけていた平凡な夜。

あの日から10年以上が経ち、子どもたちはぐんと大きく育ってくれた。憧れていた時間も手に入ったというのに、どうしてだか色褪せている。時間が無いと嘆いていたあのときこそが、実はきらきらと輝いていたのかもしれない。

気兼ねなく旅行に行ける日も、きっともうすぐなんだろう。それは楽しみなような、せつないような、なんともいえない時間になるはず。

大魔神

見てー♥
高2。次女
友達と買ってきたー
あらいい似合うね
ところが・・・
定期入れもおそろいで買っちゃったー♥
前のほうがいいのに
ふーん
突如ー
大魔神降臨。
わかってないね!!
これがよかったの!!
すぐにふて寝。
わが家の大魔神の習性・・・
そして復活!! 眠ると女子高生に元どおり。
夕飯作ろうか? 中華はどう??
カレーがいいなー♥
はぁ?
じゃあもういい 作ってあげない!!
ふて寝再び。
逆襲されるよりましだけどちょっとめんどう。
それは思春期の風物詩

これぞ思春期の風物詩。

そういえば、長女にもずいぶんと長いあいだ、泣く子も黙る「大魔神期」があった。

一瞬にして、ご機嫌から不機嫌へと早変わり。それはもう見事な変わりっぷりで、芸術の域に入れそうなくらい。ぴりぴりいらいらきりきりと、本当にひどかった。

わたしときたら、長女のやることなすことに右往左往。あんなにかわいかった子が、どうしてこうなっちゃったんだろう？と、頭を抱える毎日。お願いだから、どこか遠くの山にでも修行に行ってくれないかなぁ。成人を迎えたら帰って来てもいいからと、本気で願っていたほど。

あるとき、ふと客観的に考えて、声をだして笑ってしまった。

「思春期で荒れる子を前にしておろおろしている親」vs「全身から、これでもかというくらいにトゲをだす子ども」の図。それはなんだかなさけないくらいに滑稽だなぁと。頭を抱えてばかりいた両手を空に向けて高く掲げたまま、大きく深呼吸。もっと、どーんと構えてみようかと、肩の荷がちょっとだけ下りたことが懐かしい。

それなのに、またもや滑稽な舞台が始まる予感。わが家には、まだ2人も大魔神予備軍がいたことを、うっかり忘れていたみたい。それも一筋縄ではいきそうもない大魔神。あーあ。

けんか始め

悟りの道は
はるか遠く…。

子どもの頃は大晦日というと、翌日にもらえるお年玉や、友達から届く年賀状のことで頭がいっぱいだった。胸が踊るという表現が、ぴったりとあてはまりそう。

お正月が明けるとすぐに空手の寒稽古が始まる。道場から神社まで1時間かけて走ったあとは、鳥居の前で形をするのが慣わし。雪がしんしんと降り積もるなか、掛け声が境内に響き渡るあのひとときが、言葉で表せないほど心地よくて。より早く、より綺麗にと緩急を考えながら、ただ形に励んでいた。

寒稽古が終わると、保護者の方たちがお汁粉をふるまってくれるのも楽しみのひとつ。氷点下のせいで凍ったまつげが、あたたかい湯気でゆっくりと溶けていく。真っ赤にかじかんだ手で汁椀を持ったわたしたちの口からでる言葉は、「おいしいねー」と「しばれるねー」（北海道弁で寒いねのこと）のふたつだけ。

空を見上げると、少しのゆらぎもなく、遠くまで見渡せそうなくらいに澄んでいた。大人になった今、時々、あの空が無性に恋しくなる。きっともう見ることはできないあの吸い込まれそうな空の色を。

3人の子どもたちが大人になったとき、年末年始の思い出がどうか色鮮やかなものでありますように。

大掃除

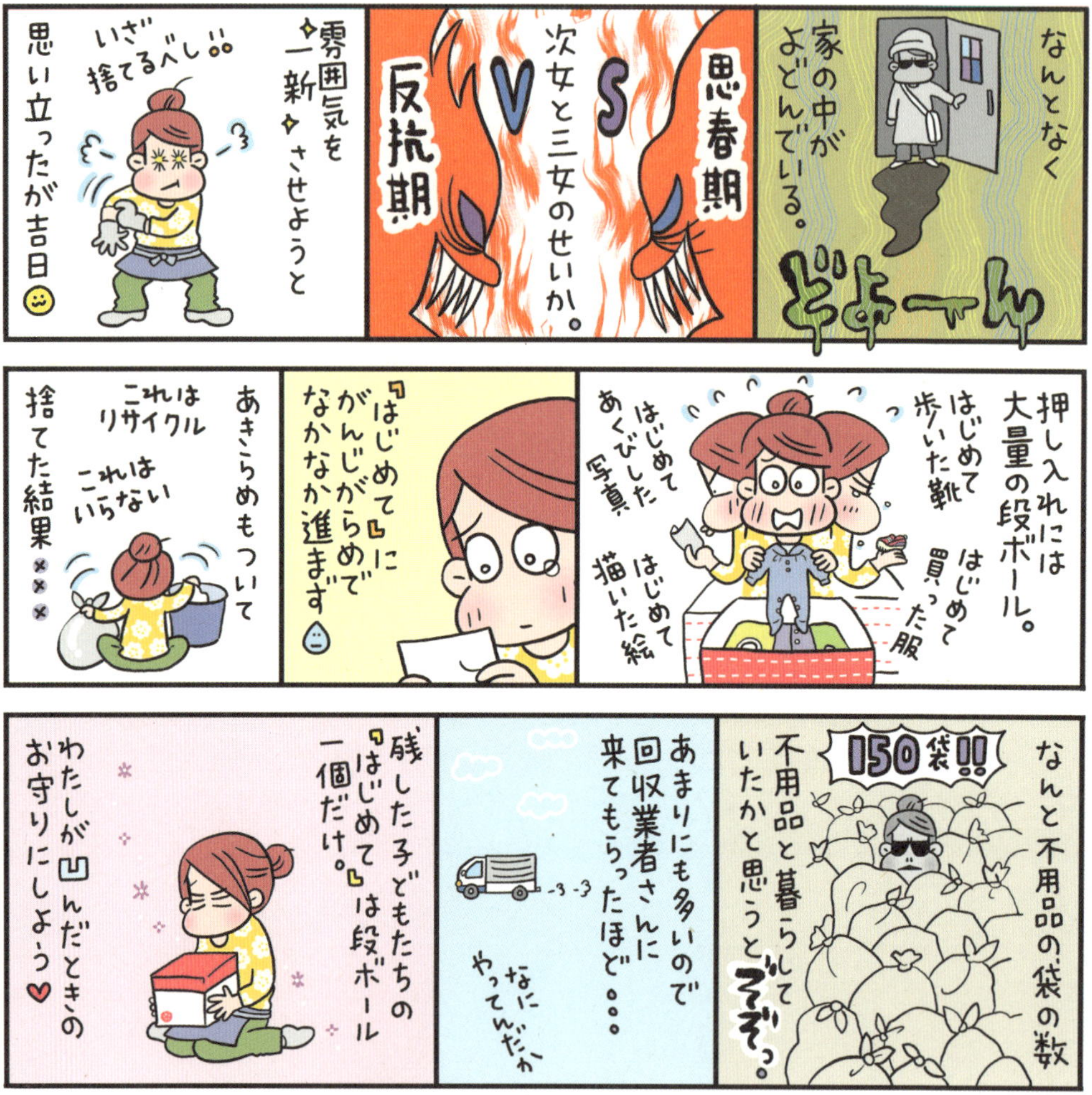

80サイズの服は
かわいくて
オモチャみたい♥

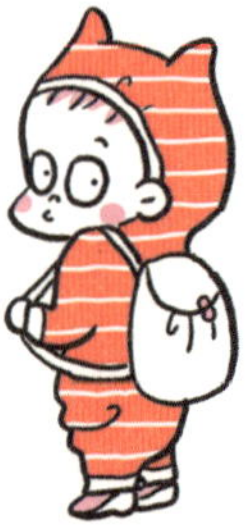

気持ちの荒れ方と部屋の荒れ方は正比例。これじゃいけないとばかりに腕まくりをして、いざ大掃除！

なにかに決別するかのように、片っぱしから不用品の処分に明け暮れること2週間。子どものものが圧倒的に多かったけれど、それに匹敵するのがわたしの洋服。「いつか昔のサイズに戻るかも」（戻りません）「いつか娘が着るかも」（着ません）「いつか孫が着るかも」（いつのことやら）。そんな自問自答の繰り返し。クローゼットのなかにある「いつか」は永遠に来ないと気づいただけでもよしとしよう。いつまでたっても袖を通さない服は、着てくれる方のもとへ。ミルクや汗で汚れている子ども服には感謝の気持ちをこめたあと、おもいきって手放すことに。

つい集めていた、「使うかもしれない紙袋」や「読むかもしれない雑誌」も処分。頭のなかは「いる？」か「いらない？」のシンプルな二択のみ。

いざ捨て始めると、頭と体がすっきりと軽くなったのがわかる。目には見えないがんじがらめになっていたものから解き放たれたみたい。

これからは、必要なものを吟味していこう。そして、自分にとって大切なものを、もっと大切にしていこう。

母さん仲間

平成28年 わたしの仕事内訳。
エッセー
マンガ
講演＋TV
わが家はひとり親なので出張があると大変!!
それぞれの友人宅におねがい
仕事が終わると
眠ると重い×××
宅配便のように回収。
長女が大学生になってからは子どもだけで留守番
出張が続いたある日、
だれのお弁当箱だろ？
？
友人が交代で三女にお弁当をつくってくれて・・・
おばたママのオムライスふわふわ〜
とうがママの卵焼きとろっとろ
しゅうとママの焼き肉おいしい
いつもは自分でつくっている
お弁当に手紙が入ってたよ
わたしにだって
それはとてもあたたかいメッセージで
泣いたのは何年かぶり・・・
たくさんの人から愛情をもらって大きくなっている途中。
だからどうか三人の子どもたちのこと、
安心して空の上からみていてね。
こっちはなんとかやっています

まさに
こんな感じ

「これだからひとり親は」と言われないように、肩には常に力を入れっぱなし。そのせいで、ラガーマンだって驚くような、ぱんぱんな肩のできあがり。

父親と母親の両方の役をやらなくっちゃ！ そんなふうに、いつだって自分自身を奮い立たせてきた。けれど、あるときふと、所詮わたしは一人なんだから、一人二役はできないな～とあきらめて、唐突な白旗宣言。それからは雪解けのように、もうだらだらとなしくずし。

今では四方八方におんぶにだっこで、いったいどの方向に足を向けて眠ればいいのかわからないくらい。

「ママ友」という言葉に、ネガティブな印象を持つ方が多いかもしれない。でも、わたしの周りのママ友（と呼ぶより、母さん仲間のほうがしっくりくるかも）は、とことんパワフルで、とことんあたたかい。そんな人になりたいなぁと、いつも思う。

人間味が溢れる友人たちは、わたしの誇り。でも、そんな友人がそばにいてくれるということは、わたしだってちょっとはいい人なんじゃない？ なんて軽口をたたけるのも、周りがあってのこと。

ありがとう。いつもいつもありがとう。直接言うのはてれくさいので、この場を借りて。

恩師

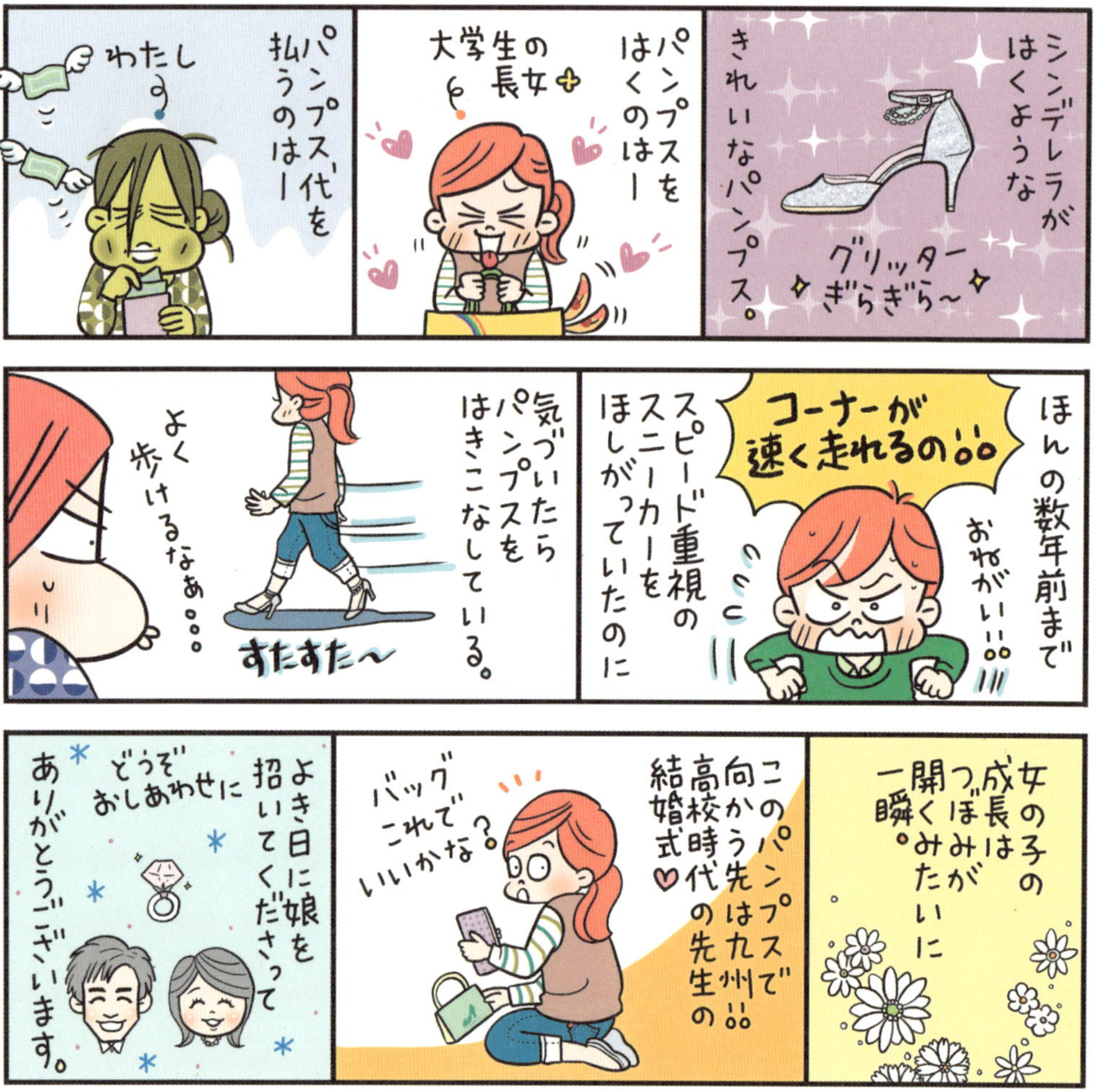

一度もはいたことがないハイヒール。
かわりに愛用しているのが
✧草履✧

恩

師と聞いて思い浮かぶのは、中学のときにお世話になった部活の顧問の先生。

吹奏楽に夢中だったわたしは、コンクールで賞をとることがすべてだと疑わず、生意気な態度で先生を困らせた。強引な選曲や自分勝手な練習を続けていたのに、先生は根気よく見守ってくれた。ときにたしなめて、ときに褒めて。

「おまえはいつかちゃんとした大人になるぞ」。口癖のようにそう言っては、にっと微笑む。そのへんにいるおっちゃんという風貌なのに、タクトを振るときだけはダンディでかっこよかった。

わたしが札幌から東京へ引っ越す前の日、先生が部活の仲間と一緒に壮行会を開いてくれた。「ここでイラスト描けばいいっしょ。なして東京にでる?」と何度も聞く先生の姿と声を今でもはっきりと覚えている。「ダメだったら戻っておいで」とも。もう四半世紀も前の昔話。

先生、わたしはちゃんとした大人になれたのかな? そもそも、「ちゃんと」って、どんなことなのか聞いておけばよかった。もう聞きたくても聞けないから。

心から「恩師」と呼べる方に出会えたら、それはとてもしあわせ。わたしが恩師を偲べることに、そして、長女が恩師に巡り会えたことに感謝しよう。

トンネルの中

家の前で
仁王立ち中のわたし。
仁王立ちの『原因』が帰宅。
むっすうの
顔は真横
体は正面
自分で決めた門限なんだから守ってよね…。
はいはい
はぁーーっ
気にしなくていいよ。あと1年もたてばおちつくはず
大丈夫
うん
うん?
よーく考えると長女の思春期は台風そのものでー
おそろしいくらいに
ひどかった…
それが今じゃ
明日からは守れるね?
お母さんもお茶でも飲んで。
よしよし
仲裁までしているし。
ね♥
思春期トンネルをくぐり抜けたらこんなにも平和

顔まで似てきたような

台風のように荒れていた過去を、すっかり忘れている長女に、おもわず言ってしまった。「なに言ってるの？　自分だってひどかったのに」と。

すると、照れ笑いを浮かべながら話し始めた。

「余裕がなくて。自分を客観的に見る力もないし、いつもむしゃくしゃしてた。お母さん、毎朝『おはよう』とか『いってらっしゃい』って声かけてくるじゃない？　返事したいけどできないから、玄関を出てから『いってきます』って言ってたんだ」

　覚えている。どんなに機嫌が悪くても、とにかく声だけはかけるようにしていた。

返事がほしかったような気もするし、もしかしたら返事なんていらなかったのかもしれない。あてもなく話しかけていた言葉はいつだって宙ぶらりんで、部屋のなかを行ったり来たり。だからこそ、返事をしていたなんて思いもしなかった。

　ふくれっ面の次女を横目でちらり。もしかしたらこっそり胸のなかで、「ごめんね」と、呟いているのかもしれない。うっすらと目に涙がにじんでいるのが、なによりの証拠。

　あのとき、宙ぶらりんだった言葉が、今ではよく聞こえる。それも、騒々しいくらいに。しばらくはこのざわめきに耳を傾けていよう。

炭酸ジュ〜〜ス

買い物中、
お菓子売り場で
中学生の末っ子発見。
どうしたの?
わっ!!
見られた…。
お菓子を見ながら味を想像してたんだ
娘がお世話になっているサッカーチームは、お菓子や炭酸がNG!!
気分転換にさ。
ちょっとくらい食べたら?
なに言ってんの!?
ダメに決まってるでしょ!
↑ばかがつくほど真面目
そんなある日ー
ただいまー
今日、ともだち来るから
女子会の必須アイテム、それはジュースとお菓子とおしゃべり
でも、娘だけ筋トレしながら小魚と麦茶。
女子というよりおじさんかも。。。

そんなにプリン食べられない〜
↑せつない寝言

三

女が炭酸ジュースを買ってきたのは、実に1年ぶり。飲むのかと思いきや、コップに注いで炭酸が弾ける音を聞いていた。ぱちぱちと静かに響く音に耳をすませて満足したのか、飲むようにとわたしに差しだした。

　そのあとは、ジャージに着替えてランニングへ。トレーニングが休みの日くらい、家でゆっくり過ごしたら？　そう言いそうになって、口をつぐんだ。

　親として、娘が選んだサッカー生活を応援しようと思う。その反面、たかだか13歳の子が、こんなにも厳しく自己管理をしていることに、ちょっとだけ不憫《ふびん》になる。

「チームのなかで一番、身体能力と運動神経が低いから、人の倍頑張らないといけない」と言うのが口癖で、その言葉を耳にするたび、胸がひりひりと焼ける。中学校でおこなわれる体力テストでは、どの種目も最高点で記録だってだしているのに、それでも通用しない世界があるなんて。

　娘が注いだ炭酸ジュースは頬いっぱいに広がるほど甘い。それなのに、どこかほろ苦くて、せつなくて。結局、飲み干せなかった。

　わが家の小さな侍が、どこまで頑張るのかわからないけれど、いつかスパイクを脱ぐ日がきたら、そのときは炭酸で乾杯をしよう。

おとぎ話を紡ぐ

おとぎ話も
20年目

三女がまだ小学生のとき、ねだられてアニメの映画を観に行った。

そんなに興味もなくて、軽い気持ちで座席に着いたのに「母と子」が大きなテーマの作品にいつしか引き込まれ、気づいたらぼたぼたと涙を流していた。もうどうしようもないくらいに。泣いていることを娘に気づかれないように、時々軽く咳払いをしながら。

「まるで、おとぎ話のように一瞬だった」

子育てをしていた月日を慈しむように語るモノローグに、また涙。

映画を観たあと、娘のリクエストでオムライスのお店に入り、おいしそうに頬張る姿を眺めていたら、またまぶたの奥が熱くなってきた。涙腺がどうにかしちゃったのかな。今度はあくびをするふりをして、くすり指で目頭の涙をそっとぬぐう。

まだたった10歳の三女。表情が豊かな娘は、いつだってわたしをあたたかい気持ちで包んでくれる。でも、わたしはこの子になにかを与えられているのかな？　わたしが母親でよかったのかな？　と、ふと不安になる。格好悪いし、さえないし、余裕だってない子育てだから。

それでも今、わたしは自分だけのおとぎ話を紡いでいる。不恰好だけど、なにより も愛しいおとぎ話を。

つまらなくて

AM4:30
起床
AM5:00
お弁当
AM5:30
朝はフキゲン。でも丼おかわり
三女
駅まで送る
ガンバレー
いつも必死だし!!
AM7:30
次女
うわあぁ
寝すごした~ 送って~
それから洗濯掃除 仕事ー。
目が回る~~の
PM7:00
ごはんまだ~?
長女
ぷち
おっ
お母さんお手伝いさんじゃないんだから…
もう疲れた…
今から家出する…
10時までに帰る…
家出というより ただの外出…
連休に疲れたやさぐれ主婦、河原に集合
母親をなんだと思ってるんだ!!
騒音に配慮して、線香花火…
ただいま~
おかえりー
お茶漬け食べる?
大人げなかったかな。

年中無休

休み、夏休み、冬休み、そして大型連休。

春

子どもたちが幼かったころは、さあ、どこへ出かけよう？　と、地図を眺めながら探検家をきどっていた。もともとバックパッカーを長く続けていたこともあって、旅行は計画するのも実行するのもお手の物。

最初こそ旅行の「お荷物」だった子どもたちなのに、いつしか旅を楽しむようになり、旅行の「相棒」へと成長した。小さな3人を連れて、世界のあちこちを歩く。どの国でもカタコトの挨拶を覚えては、度胸と愛嬌で乗り越えていく子どもたち。同じものを見て、同じものを食べて、同じものを聞いて。あんなに贅沢な時間は、後にも先にもあれっきりかもしれない。

いつからかそれぞれの用事ができて、一緒に出かける機会はぐっと減った。今、気づいたことがある。

わたしは連休中の家事に追われて、疲れただけではない。ただ、つまらなかったんだ。送迎をするだけ、食事をつくるだけ、掃除をするだけと、身の回りの世話をする生活そのものが。

いつかのように、ずっとくっついて笑っていたかったんだ。ちょっと大人げがないけれど。

あんな一言

プテラノドン
VS
ティラノサウルス
大好きなコマ

あんなに悪態をついていたのに、突然、幼い子どものように泣きじゃくるなんて。

「売り言葉に買い言葉とはいえ、どうしてあんな一言、言っちゃったんだろう」と、後悔が半分。「まさか、あんな一言に傷つくなんて」と、驚きが半分。後悔と驚きが渦のように、頭のなかをぐるぐるとかき回す。

どちらにしろ、過剰に感情的になって「あんな一言」を口にだしたわたしが悪いに決まっている。17歳の娘なりに、牙をむいて棘をだして、自分の世界を守ろうと必死だったのに、ムキになって、どかどかと土足で踏みにじろうとしてしまった。

翌朝、気まずさを隠したまま、いつもどおり声をかけると、普段と同じ返事が返ってきた。なにも変わらない朝の風景。なにも変わらない娘の様子。ただ、わたしの気持ちだけが変わった。

「子どもの世界を、もっと大事にしなくっちゃ」

胸のなかで静かに唱えて、ゆっくりと深呼吸。

それにしても1コマ目のイラスト。ティラノサウルスに扮した娘とプテラノドンに扮したわたしの戦いを描いてみたものの、あらためて見て、そのひどさと滑稽さに苦笑い。思春期は親も子もむきだしで格好悪い。でも、格好悪くていいよね。

20歳の娘へ

長女めでたく
二十歳に♡
みっちり。
Happy Birthday
ロウソク20本
剣山ケーキ
わたしの性格上、こうなると思いきやー
わっしょい
わっしょい
まったく逆。
むしろしんみり。。。
20年間あっという間。
月並みだけど
うおおおっ
鉄砲玉?のような子でー
どれだけ驚いたり
焦ったり泣いたことか。
ところが意外や意外、
真面目なお姉さんに。
座右の銘はー
理路整然
ちなみにわたしは
棚からぼた餅。
とりあえず一丁あがり。
でもまだまだ休んでいられない。
残すところあと二人。
趣味は眠ることの次女。
筋トレ命の三女。
だらだらしすぎとストイックすぎの二人を足して二で割りたいところ。
どうかどうか健やかに。。。

ちなみに三女は
独立独歩

子どもの年齢を聞かれて口にするたび、わたしは20歳の子の母親なんだと、どきっとする。この「どきっ」とした気持ちは、いったいなんなんだろう? ほんのりと淡い喜びなのか、押し寄せる寂しさなのか、自分でもよくわからない。

20年という長い歳月をかけて積み重ねてきた、わたしたち親子の積み木。

五感に頼って、匂いをかいだり、なめてみたり、叩いてみたり。あちこちから積み木を持ってきては、ゆっくりと積んできた。何度も崩れては、そのたびに積む。そんな繰り返し。

気づいたらほら、見上げるほど高い。これ以上、積む必要もないんだろう。

誕生日には20本の花束を贈ろうか、それとも誕生石の指輪かネックレスはどうだろう。特別な年だから、記念に残るものにしたい。あれこれ悩めば悩むほどわからなくなってしまい、結局、本人に聞いた。答えは一言、「美顔器」。

なんだか夢がないような気もするけれど、欲しいものがいちばんかと思って購入。実用品を選ぶあたりが、長女らしいというかなんというか。

あなたらしい道を切り開いて進めるといいね。ときには、一緒に積んだ積み木のことを思いだしてくれるとうれしいけれど。

扉の開け方

先日、NHKのラジオ番組に呼んでいただきました。
子どものころから深夜の友達はラジオだったのでうれしくって♡
パーソナリティーはタレントのユージさんと、
アナウンサーの藤井彩子さん。
わたしのイメージ
テーマはずばり
『思春期キター!』
全国のあちこちに思春期に頭を抱えている方がいると思うと心強い。
HELP!!
わたしが話したのは
思春期の子と同じ土俵にのらない。薄目で見るくらいでちょうどいい。
このふたつ
とはいえ、実際はー
同じ土俵でぶつかりげいこをしまくり。。。
薄目どころか、目を見開きすぎ!!
くわっ!!
難しいなー

ラジオがうれしくて
眠れなくて。。。

当日は わたしも→

ゾンビ

高校の修学旅行で京都のお寺へ行ったとき、僧侶の法話があった。クラスメートが退屈と静寂に負けて居眠りをしているなか、わたしだけが興味津々。質疑応答の際、ここぞとばかりに「仏像の薄目には意味があるんですか？」と聞いた。ずっと疑問に思っていたとはいえ、今思えば小学生みたいな質問で顔から火が出てしまいそう。

「半眼といいます。開けても閉じてもいない。半分は外の世界を見て、もう半分は内の世界、つまり自分自身を見ています」と教えていただいた。

当時の自分がどこまで理解したのかはわからない。ただ、頭を上下に何度も揺らして「へ〜〜」と、うなずいた。

自由時間もずっと僧侶にくっついて質問攻め。螺髪《らほつ》や白毫《びゃくごう》と初めて知る言葉に夢中になってメモをとった。

子育てに追われているとき、どうしてだかこのときの法話を思いだす。子どもを見る目は半眼くらいでちょうどいいんじゃないかなぁと。すると、ふっと力が抜けていく。

つい先日、対談の仕事のため京都のお寺へ伺い、またしても僧侶に機関銃のように質問をあびせてしまった。わたしの「聞きたいモード」は、30年経った今でも変わらないまま。

姉妹ゲンカ

ケンカができるのも
姉妹のダイゴミ×××

と、言い聞かせています

そういえば、わたしは姉妹ゲンカをした記憶がない。姉とは6歳離れていたので、わたしが小学校に入学すると姉は中学校へ、わたしが中学校に入学したときには姉は大学生と、生活パターンがはっきりと別れていた。

共通の話題も見つからないし、見つけようともしない。神経質な姉と無神経なわたしとでは、性格も真逆。鈍感なわたしが気づかないだけで、姉が我慢を重ねていたのかもしれない。どちらにしろ、お互いが本音を言うこともなく、どこかよそよそしいまま大人になってしまった。

それに比べて、わが家の子どもたちのケンカの激しいこと。壁や障子にあいている大小の穴を見るたび、そのすさまじさを思いだす。と同時に、くすっと笑ってしまう。

あれだけ大喧嘩をしたのにもかかわらず、どちらからともなく話しかけて、いつしかげらげらと大笑いをしている。「ごめんね」という言葉を使わなくても仲直りできるなんて。たぶん、この子たちはおばちゃんになっても、おばあちゃんになっても、本音でぶつかって、慰めて励ましあって、上を向いて笑って歩んでいくんだろう。そんな姿がちょっとだけうらやましい。

アシスト
三女の試合で、連日4時半起き。
眠い〜
しんどい〜
お弁当箱デカい…
娘は始発で出発。
運だけで憧れのチームに入団したものの
ず———っとベンチ。
小学校のときも地元の強豪チームで
紅一点
（見えないけれど）
ず———っとベンチ。
身体能力が優れているわけでもなく
ただいま〜〜
戦地から帰ってきたような姿を見ると
おかえりー
笑顔で迎えつつも
胸の奥はいつだって泣きそうで。
そんな厳しいところにいないで、もっとゆるいところで楽しくサッカーをしたらいいのに。。。と、本音がぽろり。
つい先日ー試合の応援に行っているチームメートのお母さんからメール
休憩時間、みんなが木陰で休んでいたのに、ひとりだけシュート練習していたよ
そういえば娘から弱音を聞いたことが一度もない。
弱音ばかりの自分が恥ずかしい。
明日はしっかり起きてしっかり見送ろう。
わわっ
と言いつつうっかり寝坊。。。

「授業でサッカーをやっているので、よかったら見に来ませんか?」と、体育の先生に誘っていただいたので、お言葉にあまえていそいそとグラウンドへ。

ジャージを着ている集団のなかで、ひとりだけ半袖短パン姿なので、すぐに見つけられた。軽やかなドリブルでボールをゴール前まで運び、相手が受け取りやすいように、そっとパスをだす。クラスメートがゴールを決めると、抱きついて褒めている。そのあと、相手チームのゴールキーパーのもとへ行って、一丁前にアドバイスをしながら肩を叩いて励ましていた。先生がわたしに見せたかったのは、ここなんだろう。

授業のあと、先生がこんな話を教えてくださった。サッカーをかじっている生徒は、だれもがここぞとばかりにアピールするのに、娘は絶対にシュートを打たない。理由を尋ねると、自分が打てばゴールが決まるのは当たり前だからゲームがつまらなくなるし、キーパーに危険な思いをさせてしまう。それよりも、みんなにサッカーの楽しさを知ってもらいたいと話したらしい。

サッカーはすべての子どもを成長させる、なんてカッコイイスポーツなんだろう。胸が詰まるよ。

夏休みの宿題

予言どおり
今年も
まったく同じ。

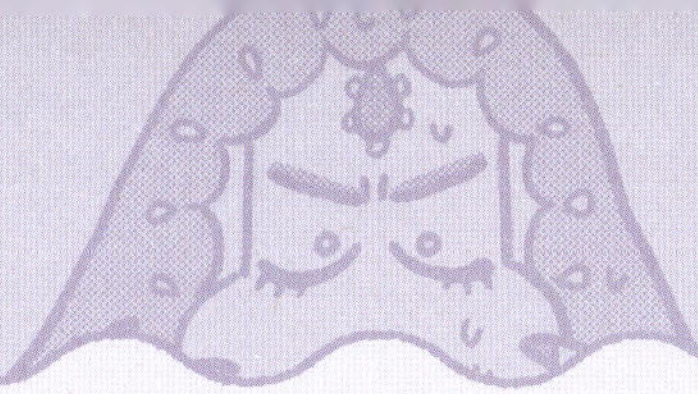

長女は「ちゃっかり型」。

夏休みの宿題は終業式に開始。3日間ですべてを終わらせたあとは、糸の切れた凧のごとく、最終日までとことん遊んでいた。計画的というかなんというか。

次女は「こつこつ型」。

宿題の計画表を組み立てたあとは、毎日少しずつ進めている。こつこつ型というよりは、「ゆるゆる型」かな。

末っ子は「あわあわ型」。

上の2人と比べると、この慌てぶりが目も当てられないほどで、なんともなさけない。

そんな三者三様の三姉妹を育てているわたしの子ども時代といえば、朝から晩まで全力で遊ぶ日々。毎晩、布団に入ったあと、明日はなにをして遊ぼうかと思いをめぐらせながら眠りについた。

結局、夏休みの最終日に半泣きで宿題にとりかかるものの、間に合うわけもなく、始業式が終わったあとは学校に居残り。先生からは、どうして計画的にできないのかなぁと呆れられた。

実は大人になった今も、締め切りぎりぎりにならないと取り掛かれないのが悩みの種。

末っ子の計画性の無さは、わたしの遺伝子が色濃く残った証拠みたい。

保育士さん

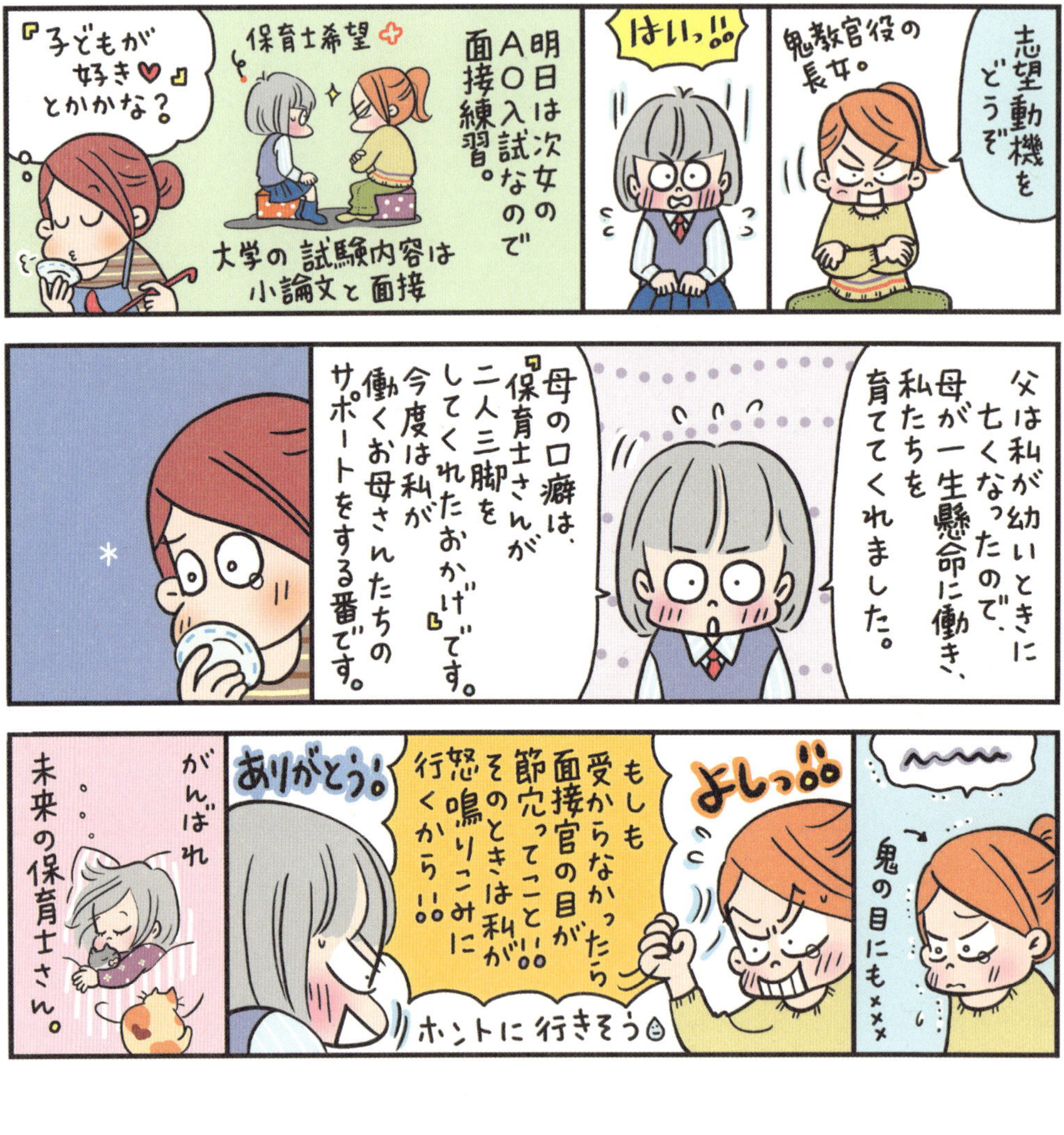

涙もろくて
人情味あふれる長女

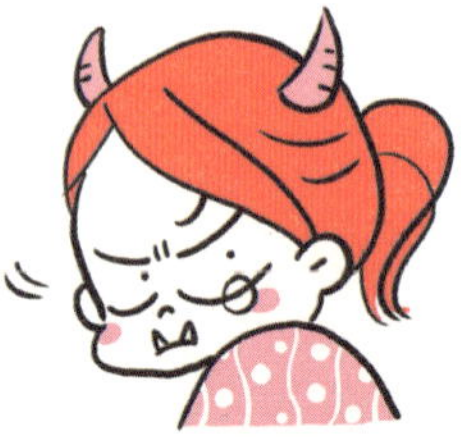

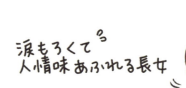

「大事なことはみーんな猫に教わった」という絵本があるけれど、わたしの場合、「大事なことはみーんな保育園で教わった」と、なりそう。

次女が高校生になった今でも慕う保育士さんがいる。発達が遅くて要領が悪い娘を、いつも気にかけてくれていた。ふんわりとした保育士さんが多いなか、その先生だけはぴりっと厳しかったので、実はいつも緊張していた。

ご縁があったのか、そのあともお付き合いが続き、中学校の体育祭に遊びに来てくれたことがある。大きく成長した生徒たちを嬉しそうに、そして、眩しそうに見つめていた横顔が忘れられない。先生の目尻に増えていた笑い皺。園児にたくさん笑いかけてきた証《あかし》なんだろう。厳しいだなんて思っていてごめんなさい。厳しさの裏にある豊かな愛情に気づけてよかった。

素敵な保育士さんに出会えたことは、わたしたち親子にとって、かけがえのない宝物。その宝物を曇りがでないように磨き続けて、今度は娘がだれかに渡せますように。

いつか次女が小さな子どもたちから、「せんせー!」なんて呼ばれる日がきたら泣いちゃうんだろうな、わたし。

自慢の彼

5年経った今も
会ったときは45度

ス

キージャンプの姿勢であいさつをした日からはや3年。あいかわらず、しっかりとして、そしてあたたかいまま。毎年、次女と三女への誕生日プレゼントをかかさないし、サッカーを9年間続けていた経験から、三女のサッカーの相談にも真剣に耳を傾けてくれる。「お兄ちゃん」がほしかった三女はうれしそうで、わたしたち親子は大ファンに。

今年の夏は、花火大会へ着て行きたいからと、デパートで買った浴衣を持ってやって来た。普段、講演会では自分で着物を着付けているけれど、他装は自信がない。しかも、男の子の着付けなんてできるかどうか心配だったけれど、なんとか完成。そのあとは、娘にも浴衣を着せる。

着慣れない浴衣姿でぎこちなく、それでもうれしそうに歩く2人の後ろ姿を眺めていたら、ふいに言葉がでた。「男の子って素直でかわいいなー」と。

それなのに長女ときたら、草履の歩き方から姿勢まで口うるさくたしなめてばかり。人のことをとやかく言う前に、そのガニ股をどうにかしたほうがいいかもよ。声にだして言うと、何倍にもなって返ってきそうなので、胸の奥でこっそりとひとりごと。

初バイト

季節は秋だけど一足先に桜咲く
AO入試でなんとか短大に合格した次女。
うれしい。。。
合格通知書
入学までアルバイトをしようかと思って
社会の迷惑!!
ひどい。
長女は高1からファミレスでバイト。
いつしか責任者というバッジをつけるまでに。
(高校生なのに)
てき
ぱき
一方、次女は和菓子が好きという理由から、和菓子屋さんで人生初バイト!!
初日は緊張のあまり、めまいがしたとのこと。
家でもせっせと包装の練習。
バイト代でなに買うの?
和菓子よ♥
ナルホド
なにをするのもゆっくりな娘を・・・
やとってくれて感謝です☺

ブローチまで和菓子。。。

わたしがはじめてアルバイトをしたのは、高校1年生のとき。ドーナツショップの制服が60年代風のデザインだったので、着てみたいという不純な動機での応募。覚えることも動くことも、そして注意されることもいっぱい。ありきたりだけど、お金を稼ぐってこんなに大変なんだと身をもって知った。

店長さんから茶封筒に入ったお給料を手渡しでいただいたとき、「はじめてのお給料はどうするの?」と聞かれた。もう決まってる。でも、内緒ですと手をひらひらと振ってごまかした。

その足でデパートへ向かい、脇目も振らずにハンカチ売り場へ。前から決めてあったスミレの刺しゅうが入ったハンカチを買ったあと、アルバイト先へ戻って店長さんへプレゼント。あまりにも驚いた顔をするので、おもわず「鳩が豆鉄砲を食ったよう」というたとえが浮かんだほど。

居心地がよくて、結局、高校卒業までお世話になった。最後のアルバイトの日、店長さんがにっこりと笑いながらポケットから出したのは、すっかり色落ちしたあのときのハンカチ。

店長さんのお名前は「スミレ」さん。わたしと社会をつなげてくれた大切な人生の先輩。

三女は難しい

24時間
黄色ランプでも
イヤだな×××

三女の上機嫌なときと不機嫌なときの差の激しさに、とまどってばかりいる。さっきまで大きな声で笑っていたはずなのに、ちょっとした一言で凶暴なクマに早変わり。姉妹で音楽に合わせて陽気に踊っていたと思ったら、体がぶつかったといがみあいが勃発。極端すぎて、まるでジキルとハイドみたい。

　わたし自身は性格的なものなのか、子どものころから不機嫌なことがほとんどない。怒られてもすぐに忘れるし、失敗してもすぐに立ち直る。古い友人も、わたしがいらいらしたり、ふくれている姿を見たことがないはず。気分が冴えないときは、甘いものを食べて好きな音楽を聴いて眠るにかぎる。もしかしたら、自分の応急処置の方法を知っているだけなのかもしれない。

　じゃあ、子どもにも応急処置をしないと！　そう思っているのに、身体のあちこちでぎぎぎと鈍い音が悲鳴のように鳴っている。これはもう潤滑油をマメにささないと、わたしの身がもちそうもない。

　上2人とは違う角度から攻めてくる三女の思春期対策には、新たな鎧《よろい》が必要。「攻撃」ではなく、あくまでも「防護」として。共倒れにならないためにもね。

スイッチオフ

うちの子たちの自慢。
✧体が頑丈!!✧
全員皆勤賞
下二人はインフルエンザにかかったこともなくー
あちこち体が痛いんだって
筋肉痛に似てる?
母のわたしもかなり頑丈…のはずがー
喉に違和感
声が枯れてがらがら
受診すると風邪の初期症状とのこと。
そういえば
前回の受診っていつですか?
14年前だね
末っ子14歳。
じゃっ
14年!?
産後一度も体調を崩していないなんて
ずっと気を張っていたから
おだいじに
そろそろ休んでいいよってことでしょう
そんなわけで、本日母親業閉店
だらだらとすごします♥

歯も頑丈↑

確

かにずっと気を張っていたのかもしれない。気が抜けてしまったのか、あっという間に体力急降下。

そんなわたしに驚きを隠せないのが子どもたち。ロボットなみに頑丈だと思いこんでいた母親が弱々しく寝ている姿によっぽどショックを受けたのか、3人とも思春期スイッチをオフに切り替えている。きりきりとした金切り声のかわりに聞こえてくるのは、「なにか飲む?」「寒くない?」と、労いの言葉。

天井をぼんやりと眺めていたら、幼いときのことを思いだした。体が弱く吸入器が手放せない姉とは逆に、病とは無縁な丈夫なわたし。姉が軽く咳き込むだけで母はおろおろして、つきっきりで看病をしていた。

あれは何歳のころだったか。わたしがめずらしく熱をだしたとき、母がおでこに手をあてて熱を測ったあと、すりおろした林檎を食べさせてくれた。頬にぎゅっと広がる甘酸っぱさ。うれしかった反面、申し訳なく思った覚えがある。それがひどく懐かしく、ひどくせつない。

子どもたちのたわいないおしゃべりを耳にしながら、うとうとする。なんて穏やかな時間だろう。いたれりつくせりの生活も、なかなか悪くない。

涙ぬぐって

親の存在 < 猫の存在

「努力してるのに結果がでない」

くやしそうに、大きな目からぼたぼたと涙をこぼす三女。今、大きな壁の前で立ちすくんでいる。

すっかり大人になってしまったわたしは、実らない努力があるということも、叶わない夢があるということにも、気がついている。

学生のころ、吹奏楽に夢中だった。「吹いて奏でて楽しむ」という言葉に焦がれ、画用紙に大きく書いては部室の扉に貼っていた。譜面を覚えるのも技術を学ぶのも人より遅かったので、だれよりも練習を重ねた。顧問の先生にオーバーワークだと叱られても聞く耳を持たず、ただ上だけを目指す日々。ひたすら貪欲に。ライバルを蹴落とすことばかり考えていたせいで、いつしか「楽しむ」気持ちが抜け落ち、気づけば大好きな音楽が大嫌いになっていた。努力なんて意味がない、夢なんてみるだけ無駄だと自暴自棄になっていたあのころ。

肩を震わせて泣く娘がうらやましい。わたしは親の前で涙をこぼさなかった。泣くときはいつもひとりだったし、今でも人前では絶対に泣けない。

娘の涙をぬぐって頭をなでる。わたしは娘を通して、子どものころの自分の涙をぬぐって頭をなでている。

いつのまに

合唱祭の指揮者に立候補したんだ
ええ?楽譜読めないのに
三女
つまらないこと言うね
得意の気合論
気合で大丈夫!!
そして本番。
ホントに指揮者になっちゃった!!
笑ってる!! なにあの度胸!! かわいい♡
姉ばかな長女
弁論大会で代表になりたいんだ
伝えたいことあるの?
あるんだなそれが
気合でなんとかする
そして本番。
ホントに代表になっちゃった!!
歌舞伎のような迫力×××
すごいよ!! マジですごいよ!!
わたしのまったく知らない子のようでなんとも言えなくて。
本番に強くてうらやましい。

子

どもを枠や型にはめないで、自由にのびのびと育てていきたい。がっちりと枠や型にはめてしまったら、いつか子どもが自分の力で取り外すとき、大変な作業になりそう。そもそも、母親のわたしが、そんなに正しく生きているわけではないから。

それなのに、「自由にのびのび」と育てるのは案外難しくて。「自由」と「放任」、「のびのび」と「いいかげん」の境界線がわからなくて、立ちすくんでばかり。立ちすくむわたしの姿を横目でちらっと見ては、勢いよく境界線を跳んでいく子どもたち。

いつしか3人とも楽しそうに、それぞれの地図を大きく広げていた。わたしが想像もしなかった地図を。あんなふうに跳べたら、どんなにいいだろう。

うっすらとした記憶にあるのは、人見知りで泣き虫な末っ子の姿。それなのにいつしか人前にでるのが大好きで、堂々とした立ち居振る舞いをする子に成長を遂げていた。

うれしいのかさみしいのか、それとも別の感情が揺さぶるのかわからない。波紋が広がるように、いろいろな感情がわたしの前を通り過ぎていく。このやるせない思いの正体がわかる日は、まだずっと先。

晴れの日

成人式を終えると ちょっと 一段落

成人式当日は、早朝から分刻みの忙しさ。美容室でヘアメークを終えたあとは、着付けの方に来ていただき、振り袖をまとった娘を会場へ送り届けて、本日の任務無事終了。

帰り道、川原の駐車場に車を止めて腕を高く伸ばす。天気予報は雪だったのに、空には雲ひとつない。すがすがしいという言葉は、きっとこういうときに使うんだろう。

親なんだから、子育てをするのが当たり前だということはわかっている。わかってはいるけれど、それでもだれかに「よくがんばったね」と言ってもらえたら。

ふと携帯を見たら、「母親20歳お疲れさまでした」と、大阪に住む友人から一通のメール。読んだ瞬間、ほっとしたのかほろりと泣きそうになった。涙をこぼさないように、空を見上げておおげさに深呼吸をする。

「けっこう疲れたよ〜」。そんなひとりごとを呟きながら、カバンから珈琲《コーヒー》が入ったタンブラーを取り出して飲む。どこかで一息つくためにと、今朝、丁寧に豆を挽いて珈琲を淹れてきた。その味の格別なこと。

この空の青さと、珈琲のほろ苦さと、車から流れる曲を、きっといつまでも忘れないだろう。

職業体験

娘が通う中学校は
中2のときに
職業体験がある。
廊下に掲示してある
求人広告を見て
希望の職種を
選んで働くという
プログラム。
長女はペットショップ。
映画館希望
だったのに
じゃんけんで負けた
せっせと
洗たく
次女は保育園へ。
お別れのとき
泣いちゃった〜〜
かわいかったな
そして三女。
S先生に
会いたいから
小学校ー♥
職業体験から
帰ってくるなり
いやー
まいった
まいった
小学生って
幼いねー♥
ちびっこたち
なついちゃって
もう大変!!
ドッジボールも
手加減したけれど
みんな夢中でね♥
ハンドボール投げ
ぶっちぎりの
記録保持者
給食のとき、
だれがわたしの隣に
座るかでもめちゃって
じゃんけんよー♥
笑いを
こらえるのに
必死
ほんのちょっと前まで
大きなランドセルを
背負っていたのにね。

ボールを持つだけで
周囲は悲鳴×××

以前、イラストレーター志望の中学生が職業体験に来てくれた。イラストが好きな子が、もっとイラストを好きになる魔法をかけなくっちゃ。

幼稚園の先生は、わたしが絵を描くたびに玄関の目立つ場所に展示してくれた。幼いながらに誇らしくてうれしくて。

小中学校の先生は、文集の表紙やポスターを描く機会をあたえてくれたので、いつだって腕まくり。

高校でも学祭ではTシャツのイラストを描き、体育祭では看板を描いた。制服の袖部分は、ポスターカラーが滲《にじ》んでとれなかった。それでもかまわない、わたしにとっては汚れではなく勲章だから。

やがて大人になり、プロになって初めて描いたのはファミリーレストランの求人広告。刷り上がったばかりで、まだ熱を帯びたちらしを眺めていたら涙がこぼれた。印刷所の方が笑いながら「姉ちゃんまだまだ。25年続けたら一人前だ！」と、わたしの背中を何度も叩いた。

くちゃくちゃな顔で頷いたあの日から25年が経つというのに、いまだに自分のイラストが印刷されると胸が高鳴る。

たくさんの大人がかけてくれた魔法に感謝をこめて、今度はわたしが魔法の杖を振ろう。

高く高く。

笑顔の朝

×『親がしんどい』

○『親も子もしんどい』

信頼する教育評論家の親野智可等先生から「朝は子どもを怒らないように。親に怒られた子どもは、すぐにわかるから」と教えていただいたことがある。怒った親がもやもやするのは当然だけど、怒られた子どもも、学校でぐずぐずしているなんて考えもしなかった。

その言葉を聞いてからは、朝は多少いらいらしても、おなかにおさめるようにしている。とはいえ、今朝も三女に対してかちんとしてしまった。何度言っても食器を片付けないので小言を言いそうになったけれど、ぐっとがまん。そのかわり、「行ってらっしゃい。気をつけてね！」と声をかける。にっこりと笑って手を振る娘は、走って友達のもとへ。

学校が終わると、そのままサッカーのトレーニングへ向かうので、朝送ると次に顔を会わすのは15時間後。学校では楽しく笑って過ごせますように、トレーニングでは怪我をしないで強い気持ちで過ごせますように、そんな祈るような15時間。

何気なくかける一言で、事故や怪我の割合が低くなると聞いたことがある。それならなおのこと、笑顔で送りだそう。行き場のない怒りのもとは、淹れたての珈琲と一緒におなかの底へ流しちゃえ。

入学式を前に

小学校の卒業式は
✧新米教師✧の
ようだった長女

長

女のスーツを選びに行ったのが、もう2年も前のことだなんて。ひとつ瞬きをするごとに、ひとつ季節が変わるよう。

試着室から照れくさそうにでてきた次女の姿は、まるで卵から孵《ふ》化《か》したヒナみたい。殻を割るのにずいぶんと時間がかかったけれど、準備期間が長かったぶん、羽を広げたら、あっという間なのかも。

妹のスーツ姿を見て、満足そうな表情の長女。そういえば、長女のことを一度も「お姉ちゃん」と呼んだことがない。当然、「お姉ちゃんなんだから」という言葉も口にしたことがない。それなのに、360度どこから見ても姉御肌のできあがり。笑っちゃうほど心配性で、涙もろくて、妹思いな長女。

次女に、「口うるさいけれど、面倒見のいい姉がいてよかったね」と話しかけると、笑って頷いた。

この春、大学3年になる長女と短大に進む次女は、同じ年に卒業を迎えることになる。いつもは口喧嘩ばかりしている2人、そんな2羽がそろって羽づくろいを始めるなんて。

さあ、巣立ちまでカウントダウン。うれしいようなさびしいような。ぴったりとあてはまる言葉が見つからないから、今はただ、しっかりと子どもたちを見ておこう。

やれやれ

夢は和菓子の食べ放題

もうホントに「やれやれ」の四文字がぴったり。

　打てば響く長女とは180度違って、のれんに腕押しの次女。なにを考えているのか、さっぱりわからなくて、先回りや空回りしてばかり。次女の歩く先に障がい物があろうものなら、カーリング選手のようにブラシでスウィープしてしまいそう。でも、わかっている。それじゃだめだってことを。

　自分の足で歩いて、つまずいて転んだあとは立ち上がらせないと。ついまどろっこしくて、手をさしだしてしまいそうになるけれど、ぐっとがまん。両手を後ろに回して口笛でも吹いていようか。


「親子」じゃなくて「親と子」。

　無理に一心同体にならなくてもいい。親だからといって、子どものすべてをわかる必要はないのかもしれない。それが思春期ならなおのこと。

　つまずいて転んで、痛くて悲しくてうずくまっているときは手をだすから。一緒にゆっくりと立ち上がろう。

『子どもの揺れる不安定な気持ちがわからない。でも、わからなくてもいい』

　もっと早く気づいていたらどんなによかったことか。

　全力でぶつかってくる三女の思春期には、この呪文のような言葉を唱えよう。こっそりと。

鎧外す場所

長女は小学校の高学年ごろから校内でわたしを見ると。。。
つーん
しっしっ
がっちーん
次女は気づいたらはにかみながら小さく手を振る。
末っ子はー
母さーん！
来てくれたの!?
こう見える
熱烈大歓迎♥
は
は
は
今朝はあんなに悪態ついていたのに。
ま、いっか♥

あはは
笑い声が大きいのですぐにわかる。。。

「親御さんが学校に来る機会が多いと、お子さんは喜びますよ」。担任の先生に言われて引き受けたPTA役員。それなのに、長女は喜ぶどころか、すれ違うたび露骨にイヤな顔をする。

それでも、教室や廊下に貼られてある写真を見るたび、家では仏頂面なのに学校ではこんなに弾けた笑顔を見せているんだなぁと、ほっとする。長女の思春期に頭を抱えていたあのころ、わたしは胸をなでおろしたくて、足繁く学校へ通っていたのかもしれない。

「絶対に学校には来ないで！」と言う長女に対して「来てもいいし来なくてもいいよ〜」というスタンスの次女。正反対なのは、「お願いだから来て！　忙しくても来て！」と、せがむ三女。そこまで言われちゃうと、前日に徹夜で仕事を終わらせようとひと頑張り。

つい先日、三女の担任の先生が懇談会でこんな話をしてくださった。「ご家庭では大変な時期かもしれませんが、学校では楽しく過ごしているので安心してください」。その場にいた保護者全員が、その言葉で頬を緩めたはず。

思春期という重くてやっかいな鎧を外せる場所があってよかった。そう思って、また胸をなでおろす。

ため息

短大の入学式前夜。
次女
起きて起きて
……
明日までにこの書類が必要なんだって
どっさり
なんで今言うの?。
真夜中…。
思えば昔から×××
(小学生)
明日までに防災ずきん作ってねー♥
かなり前の日付
なんで今言うの?。
(中学生)
明日お弁当いるからね
おやすみー
なんで今言うの?。
おかずがない。。。
(高校生)
明日教科書代5万円必要
くださいな。
なんで。。。
(以下略)
結局、入学式当日は親子でフキゲン
昔っから計画性ないよね
お母さんに似たからね
売り言葉に買い言葉。。。
だーっ
姉ばかな長女、もちろん参列。

大学生の娘に向かって、
ため息まじりの言葉が
口からこぼれるなんて
思いもしなかった。

入学に必要な書類には予防接種の有無を記入する欄があるため、引き出しの奥から母子手帳を取りだした。古めかしい手帳のページをめくると、一瞬で過去に放り込まれる。

保護者の記録という項目には、月齢に添った質問が記載してある。3〜4ヶ月だと「首がすわりましたか？」、6〜7ヶ月なら「寝返りをしますか？」等。発育が遅くて療育センターに通っていた次女は、ほとんどの問いで「はい」ではなく「いいえ」部分にマルが並ぶ。その横には「要観察」という朱色のスタンプ。事務的な3文字を見るたび、せつなくてたまらなかった。今でもはっきりと覚えている。母子手帳と娘の寝顔を交互に見ながらマルをつけるたび、ため息をついていたことを。弱々しく薄い筆跡は、わたしの心細さを物語っているかのよう。

遅い成長に胸を痛めていたあの頃の重いため息と比べると、今のため息のなんてぜいたくなこと。この際、忘れっぽい性格には目をつむろう。

今日は両目をぎゅっと閉じて、明日からは片目だけそっと閉じて見守ろうか。ウィンクでもしているかのように。

自慢の友人

クラス替えのたび、
へこんで帰ってくる長女。
なんで いっつも仲のいい子と離れちゃうんだろ
クラス替えに、
クラスってそんなに大事？
え？
感情の波がない次女。
そして一
よっしゃー
うおーっ
最強のクラスー!!
と、ほえる三女。毎年言い続けて9年目
こう見える
担任も友達も最高!!体育祭もらったー!!
もしかして苦手なひとっていないの？
いないよ。苦手な教科ならあるけど
なに？
体育以外全部!!
きっぱり
なるほど×××

わたしも能天気な末っ子タイプ

あれは確か中1のとき。隣の席に座っていたクラスメートに話しかけて、すぐにうちとけた。彼女は生徒会で活躍をして、勉強もできて、面倒見もよくて。

一方わたしは制服を着崩し、憧れていたパンクバンドの髪型をまねた自分をカッコいいと信じて疑わなかったカッコわるい12歳。不良だったわけではなく、ただ派手な格好が好きなだけ。先生も理解してくれたのか、式と名前が付く日だけは、きちんと制服を着て登校するようにと言ってくれた。その大英断に感謝しなくちゃ。

先生は良しとして、問題はちょっと怖い先輩たち。わたしの名前を大声で呼びながら教室へ怒鳴り込みに来るのが日常茶飯事。

緊急事態のときでも冷静に靴箱から靴を持ってきて、窓から外へ逃がしてくれたのも、その友人。優等生の彼女と落ちこぼれのわたしは、はたから見ると凸凹なコンビ。

それなのに、クラスが分かれても、高校が違っても、住む場所が遠く離れても、大切な存在のまま。

窓から逃がした話を、つい昨日のことのように笑いながら話す姿を見ていると、わたしまでうれしくなる。そして、友人に恥じないように生きていこうと誓う。

もらい泣き

仕事の帰り道、娘の友達のお母さんから電話。
どうしたの？
今、うちの子から聞いたんだけど、今日、学校でね…。
～帰りの会～
体育祭にでられなくってごめんなさい
みんな絶対に勝ってね
もらい泣き＋つられ泣きで号泣
←先生まで!!
うわーーーん!!
なんて素直で優しいクラスメート。
おしえてくれてありがとー♥
自分のために泣いてくれる人を大事にしなさいねと伝えよう。
家に帰ると、想像以上に泣きはらした顔。
おかえりー
土偶
どうしたの？
あー、これ？花粉だよ
素直で優しい花粉だこと。

某アイスのパッケージは泣いた目に効くみたい

当初、雨天中止の予定だった体育祭。ところが急きょ、雨天順延に変わったため、生徒は自由参加となった。娘がなによりもはりきっていた行事。応援団には保育園からの幼なじみや、小学生時代に同じサッカーチームだった子もいるせいか、仲が良く結束も固い。毎日、練習で張り上げていたようで、すっかり声は枯れていた。

それなのに天気予報は豪雨で、早々と順延が言い渡された。順延日は、サッカーの公式戦と重なる。

学校行事を優先したほうがいいと諭すわたしの言葉に揺られながらも、娘が選んだのはサッカー。「絶対に勝たないといけないから」と、自分に言い聞かせるように呟きながら。

当日、試合が終わって急いで学校へ戻ると、体育祭はとっくに終わっていた。それなのに、応援団の仲間が記念写真を撮るために、娘を待っていてくれたらしい。

結局、試合は負けてしまい、体育祭にもでられず、長い1日が終わった。

夜中、子ども部屋から小さな泣き声が聞こえてきた。ふがいなさとか、くやしさとか、そんな涙なんだろう。

扉を開けて頭を撫でたい気持ちをぐっとこらえる。大丈夫、また新しい明日がやって来るから。

短大デビュー

高校の校則が厳しかったので卒業したら。。。
次女の夢
①ピアスを開けたい
②髪を染めたい
①は卒業式の翌日、皮膚科へ。
わたしは中学生のころ
いだだだだ
安全ピンで開けて化膿した苦い過去が。
なので、娘はきちんと開けてもらい一安心。
②は短大の入学式の翌日、
真っ黒な髪を—
念願の茶色に。
染めた翌日、証明写真のため
黒く染めるように言われ×××
撮影後、ふたたび茶色に。
内側に色をいれる
インナーカラーのおまけ付き
染めた翌週、幼稚園で実習のため、
黒く染めるように言われ×××
あのさ
バイト代で美容室に行ってるからあーだこーだ言いたくないけどかなりアホだよ
わかってるけどなにがなんだかわからなくなって!!
はしゃぎすぎて迷走中。もしかしたら暴走中。
おかっぱ
と言うと
ボブ!!
と言い返される。

中

学高校の6年間、学校紹介のカタログに見本として掲載されそうなくらい、校則を守っていた次女。スカートの丈はもちろんのこと、髪型から靴下までそれはもうきっちりと。通学途中にすれ違う他校の女の子たちは、スカートも短くお化粧や髪型もばっちりと決まっていて、かなり大人っぽい。

蝶のようにひらひらと華やかに歩く姿には目もくれず、ただひたすら自転車をこいで学校へ通っていた娘。向かい風のせいで前髪が後ろに流れてしまい、おでこは全開のまま。

おしゃれに興味がないのかなぁ？　制服を着崩したくないのかなぁ？　そんなことを思いながら、どこか幼くて素朴な娘を眺めていた。

実はそう思っていたのはわたしだけで、本人はずっとうらやましく横目で見ていたのかもしれない。その証拠に、今ではあれもこれもとやってみたいことだらけ。反動の勢いって、けっこうすごい。

はじめのうちこそ微笑ましく見守っていたものの、最近では少々あきれ気味。娘よ、そろそろ気づいたほうがいいかもしれない。あなたが選んだ短大は、かなり校則が厳しいということに。それも、もしかしたら高校以上に。

イバラの道

三女が通う保育園や学校から電話がかかってくるときはだいたい悲報。
37.5度なので迎えに来てください
忙しいときに限って発熱装置発動。

保育園
ウサギにかまれてケガをしたので迎えに来てください
出張中に限ってケガ装置発動。

小学校
ようやく電話から解放された中学校。

ーと思いきや、中学校から電話。

もしもしっ!!

ケガ?

病気?

今日、給食を残したんです。ご家庭でなにかありましたか?

普段、おかわりするのが当たり前らしく。

ささいな変化に気づいてくれた先生に感謝♥でも、その内容が食欲ということがちょっとだけ恥ずかしかったり。

娘は親子ゲンカが食欲に直結するタイプのよう。

実は…

結局イバラにダイブ決定

中

3の三女との親子げんかの原因はたったひとつ。進路について。

サッカーを続けたいという気持ちはわかる。でも、中学校の3年間、強豪チームに所属して、自分の実力の無さをまざまざと見せつけられたはず。それなのに、またもや強豪校に進みたいだなんて。

「ポジションは？」と聞かれるたび、おどけて「左ベンチです」と答える娘。その笑顔に隠れている本当の表情が痛いくらいにわかる。

ふと瞼を閉じる。もしも平凡な中学校生活を送っていたら、知らないままでいられたたくさんの感情。戦力になれない辛さや虚しさや情けなさ。それをすべて受け止めてきたんだから。サッカーをしていてもしていなくても、わたしにとっては自慢の娘にかわりはないから。もう階段を下りてもいいんじゃない？

そう伝えても決して首を縦に振らず、トップレベルで技術を学べるなら、高校の3年間もベンチでかまわないと、まっすぐな目をして言い切る。

イバラを取りのぞくべきか、飛び込ませるべきか、それすらわからないわたしは、なんて未熟なんだろう。ああ、もうほら、イバラの道がすぐそこに見えている。

長老化

長女は21歳。

でも、ときどき長老に見える。

次女
安かったから買っちゃった
680円
安いからというだけで買うのはやめなさい。『好きだ』という気持ちがないと大事にしないから。

三女
誕生日のカードで『ステキな一年になるといいね』でいいかな？

『ステキな一年にしようね』にして、一緒に楽しくすごしたら？

周りのひとを大事にしなさい。

自分も大事にされるから。

～昨夜～

今、学べることをちゃんと学んで今、楽しめることをちゃんと楽しんで。

『ちゃんと』って難しいけどすごく大切。

まるで説法。

妹たちは姉を崇拝中。

一方ー
なにも頼りにされていないわたし。

回らないお寿司食べてみたいなー
時々、俗まみれな長老。

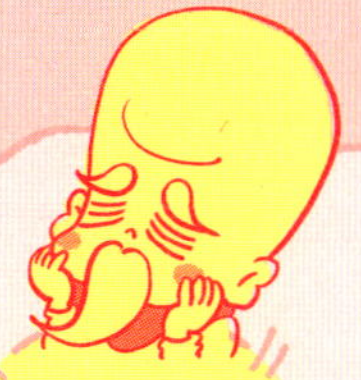

茶

の間の一角に小さな階段があって、そこを上るとわたしのお城兼仕事部屋。茶の間と仕事部屋のあいだに壁は無いし、笑っちゃうくらいに狭いけれど、音楽を聴きながら過ごすのは至福のとき。茶の間から聞こえてくる子どもたちの声もテレビの音も心地よい。

　ついこの前、わたしが眠っていると思ったのか、三女が不満を言い始めた。「母さんは聞きたいことはうやむやにして、聞いてないことばかり答えるんだよ」

　えー！　そんなふうに思っていたの？　どきどきしながら聞き耳を立てていると、長女がこう答えた。

「よく気づいたね。確かによそのお母さんと比べると適当でいいかげんだけど、案外ちゃんとしているから。これからは、わたしたちが甘く見てあげる番だよ」と。

　的確すぎて反論の余地まるでなし。一言だけ言わせて。ネガティブな印象が強い「いいかげん」という言葉だけど、「良いかげん」とも言うって聞いたことがあるよ。でも、寝たふりをしているわたしはそれすらも言えないまま。

　どうして長女がしっかり者に育ったのか謎だったけれど、たった今解明。わたしのもとで育ったからに違いない。ごめんね長老、でもたすかる。

玉手箱

うちの猫にも性格があって…。

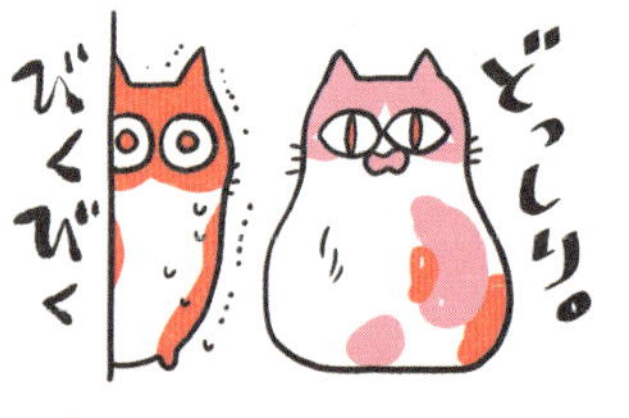

子育ては玉手箱どころか、浦島太郎のおとぎ話そのものだと思う。

ときに涙をぬぐい、ときに天を仰ぐほど体力的にも精神的にもつらかったはずなのに、年月を経た今、すべてのエピソードが輝いているから不思議でたまらない。それはまるで竜宮城のような、きらきらとした世界。

そういえば、お産でも似たようなことがあった。とんでもない痛さの陣痛と闘っていたはずなのに、赤ちゃんの産声を耳にした瞬間、痛みをきれいさっぱり忘れてしまう。そして、次のお産で陣痛が始まった瞬間、「忘れてた！　この痛さ！」と思い出しては痛がる始末。

もしかしたら、痛さやしんどさや大変さを全部ひっくるめて忘れられるように、体内のどこかにボタンが埋め込まれているのかもしれない。

子どもと格闘中でしんどい今はボタンがオンになっているだけで、いつかオフになったらあたたかいエピソードに変わっているのかな。

わたしの手元にある玉手箱。いっそ開けてしまいたくなるけれど、一気に年をとるにはまだ早い。この先、いったいどんな物語を見せてくれるのか、どきどきしながら待つことにしよう。それはきっと、とびきりなおとぎ話のはずだから。

先生

和菓子屋さんのほかに
子育てセンターでも
アルバイト開始。

わたしは幼稚園のころ、「さ」行の発音ができなかった。先生を呼ぼうとすると「てんてい」になってしまい、あちこちから聞こえてくるのは無邪気にからかう笑い声。幼いなりに恥ずかしかったのか、卒園まですすんで話すことなく、外遊びの時間は園庭にある土管のなかで過ごしていた。

ほんのりと漏れてくる太陽の光を頼りに、チョークで落書きをしたり、かたつむりを捕まえながら過ごす毎日。背中に残るコンクリートのひんやりとした感触を、今でも覚えている。

先生は、団体行動が苦手で、おしゃべりもできなくて、首を縦か横に振るだけでしか意思を示さないわたしを怒りも呆れもせず、いつだって褒めてばかり。口笛を吹くと手を叩いて喜び、絵を描くと頭を撫でてくれる。

卒園式のとき、先生の似顔絵を描いて渡すと、「まぁ!」と大きな声で言ったあと、きつく抱きしめてくれた。

先生、わたしはなんとか大人になりました。口笛は今でも結構上手だし、絵の仕事に就くことができました。「さ」行もちゃんと言えるようになって、大勢の前で話す機会もあるんですよ。さすがに体は大きくなって、もうあの土管には入れないけれど。

ふわふわ

ステテコにしろ ふわふわ にしろ
威厳がなさすぎ。。。

子どもたちの会話から時折聞こえてくる「ふわふわさん」の噂話。

害虫に驚いて悲鳴をあげながら転んでいた。靴をそろえないと不機嫌になる。珈琲を飲んでいるときに話しかけても上の空。

ふわふわさんの話をするときの、子どもたちのちょっと意地悪そうな、それでいて楽しくてたまらないという表情が、なんだか不思議。「わたしもふわふわさんに会ってみたいな」と話の輪に加わると、3人とも目配せをしながら笑うだけ。

あるとき、部屋のなかでスマートフォンをなくしてしまい、長女に電話をかけるように頼んだ。面倒くさそうな空返事。ちゃんとかけているのか確認するために画面をのぞき込むと、表示されているのはわたしの電話番号と「ふわふわさん」という文字。顔を見合わせて気まずい表情をしたあとは、もう大笑い。

てっきり漫画かドラマにでてくる登場人物だと思っていたので、正体を知ってびっくり。まさか隠語で呼ばれていたなんて。

確かに「きびきびさん」でも「てきぱきさん」でもないけれど。でもここは大黒柱として、「どっしりさん」と呼ばれるように、もっとしっかりしなくっちゃ。

ヒロイン

いつもベンチの末っ子。
チームの主力選手が別の公式戦に出場するため
スタメンででられることに。
優勝
チームメートの奮闘のおかげで
表彰式のあとは
ヒーローインタビュー。
幼いころよくインタビューごっこをしたっけ。
『ごっこ』が『ホント』になるなんて…。
優勝しました―!!
やだもう
盾を持たせてくれるの?
厚化粧してくるべきだったわ♥
応援のおかげです!!
持ってください!!
重いです!!
すかっ
手渡した相手は遠方から駆けつけたサポーターさん。
でもま、
わたしじゃなくてサポーターさんへ渡す子に育ってよかった。
最高の誕生日おめでとう
15
やっと恩返しができた―♥
← と言って眠りについた。
鶴みたい。

『ヒーローインタビューでなんて言ったの?」。そう聞いても、返事はそっけなく「忘れた」の一言。15歳の誕生日に、念願のヒーローインタビューを受けられるなんて夢のよう。それだけに、なんて言ったのかを知りたかった。

なんとなく日常が過ぎて忘れかけていたころ、友人から長文のインタビュー記事が送られてきたので、一部抜粋。

『「この2年半、試合には出ていなかったが、いつ出ても良いように準備はしてきた。この準決勝、決勝に出られるのがうれしくて、絶対に自分たちで優勝を獲ろうと話していた」という言葉。これが一番の勝因だったのではないだろうか』

スポーツライターの清尾淳氏の記事が、とにかくあたたかい。選手への深い愛情と応援する思いが、行間からにじみでている。

娘はこれからのサッカー人生で、つらいときもうれしいときも、この文章を指でなぞるように読み、自分を奮い立たせるんだろう。秘めた闘志に気づかなかった自分が恥ずかしい。

活字には書いた方の体温を感じることがある。文章を綴るはしくれとして、わたしも、もっと届けたい、ひとりでも多くの方に。

波高し

メークが決まらない。
濃い顔に生まれたかった。
長女
薄い顔のお母さんが悪い
服が洗ってない。
着ようとしていたのに。
次女
洗濯してないお母さんが悪い
特になにもないけれど
三女
全部お母さんが悪い
ーと、常にサンドバッグ
お母さんが悪い〜
本で読んだ。こういうときも母は笑わなくっちゃ・・・。
にっこり
あたたかいうちに食べてー!!
誰も食べやしない。
なんで楽しくもないのに笑わなくっちゃいけないの!?
表情筋おかしくなるわ。
揚げたてうまい!!
思春期の保護者の駆け込み寺があれば即予約希望!!

サンドバッグも
21年目

子どもが保育園のときに知り合った友人4人で、ドライブがてら鎌倉の海へ。全員3児の親で子どもの年齢も近いから、悩みの種も似たり寄ったり。愚痴を呟いたり笑い飛ばしているうちに、目的地へ到着。裸足になって波打ち際にたたずみ、いつまでも続くたわいないおしゃべり。

「昔は子どもたちを連れて、よく海に来たよね」

「みんな小さくて、一秒も目を離せなかったの覚えてる？」

「昔は体力的にきつかったけれど、今は精神的につらいね」

母親が4人、子どもの数は12人。総勢16人と大所帯なので、クリスマスや誕生会は、会館の一室を借りていた。ゆっくり会話なんてできるわけもなく、けんかの仲裁をしたり、泣いている子をなだめたり、あわててトイレに連れて行ったり。

あの頃は乳幼児の子育てが大変で、成長すれば楽になると信じていた。まさか、成長してからも大変だなんて。なんせ、敵は得体が知れない『思春期』。

小さな子どもみたいに、大声で泣けたらどんなに楽だろう。でも泣けないから、おおげさにため息をつく。ため息と一緒に、このしんどさもどこかに吸い込まれちゃえばいいのに。

笑える場所

S先生が赤ちゃん見においでだってー!!
やったー
待ち受けも先生の赤ちゃん
S先生は小学校のときの担任の先生。
早速、男子3人と女子1人を連れて先生の家へ。
小1から仲良し
~最近の親たちの会話~
なんにも話さなくて
家ではいっつもフキゲン!!
すぐに怒るのよ
たぶんこんな感じ。
はあ?
別に×××
うっさいんだよ!!
そんな子どもたちなのに先生の前では
無邪気でかわいい小学生に変身
どんなマジック?
写真を送ると
うそ~笑ってる!! 楽しそう
こんな顔ひさしぶりに見たー
笑えていればきっと大丈夫。

だっこさせてもらったけどすっかり忘れていて…
ラグビーボール抱きに。

赤ちゃんを抱っこしていると思いだす、たくさんのことを。

ずいぶんと生意気になった三女も、15年前は小さくてたよりない赤ちゃんだった。眠りが浅く、ぐっすりと眠るのは抱っこで揺らしているときだけ。深い眠りについたのを確認して、そっと布団におろすと、たちまち火がついたように泣きじゃくる。そんな繰り返し。ずっと抱っこしていたせいで腱鞘炎になってしまったことも、今ではただ懐かしい。

胸に抱いたときの、くたっとした体の柔らかさ、肌からたちのぼる甘い匂い、まつげにぴっちりと付いた涙の粒。ふわふわと揺れる髪の毛。

赤ちゃんと呼ばれる時期は、どうしてこんなにも短いんだろう。あのとき、片方の腕だけで抱っこできた赤ちゃんは、わたしの背を越した。黄昏泣きをしなくなったかわりに、悔し泣きをしている。

先生の前で大きな声で笑う子どもたちを眺めていると、肩の荷がすうっと下りていく。

たとえ家では仏頂面をしていても、その仮面を外して素直に笑える場所があるのなら、それでいいのかもしれない。

恩師っていいなぁ。幼なじみっていいなぁ。そして、生まれたての赤ちゃんの匂いもね。

お守り

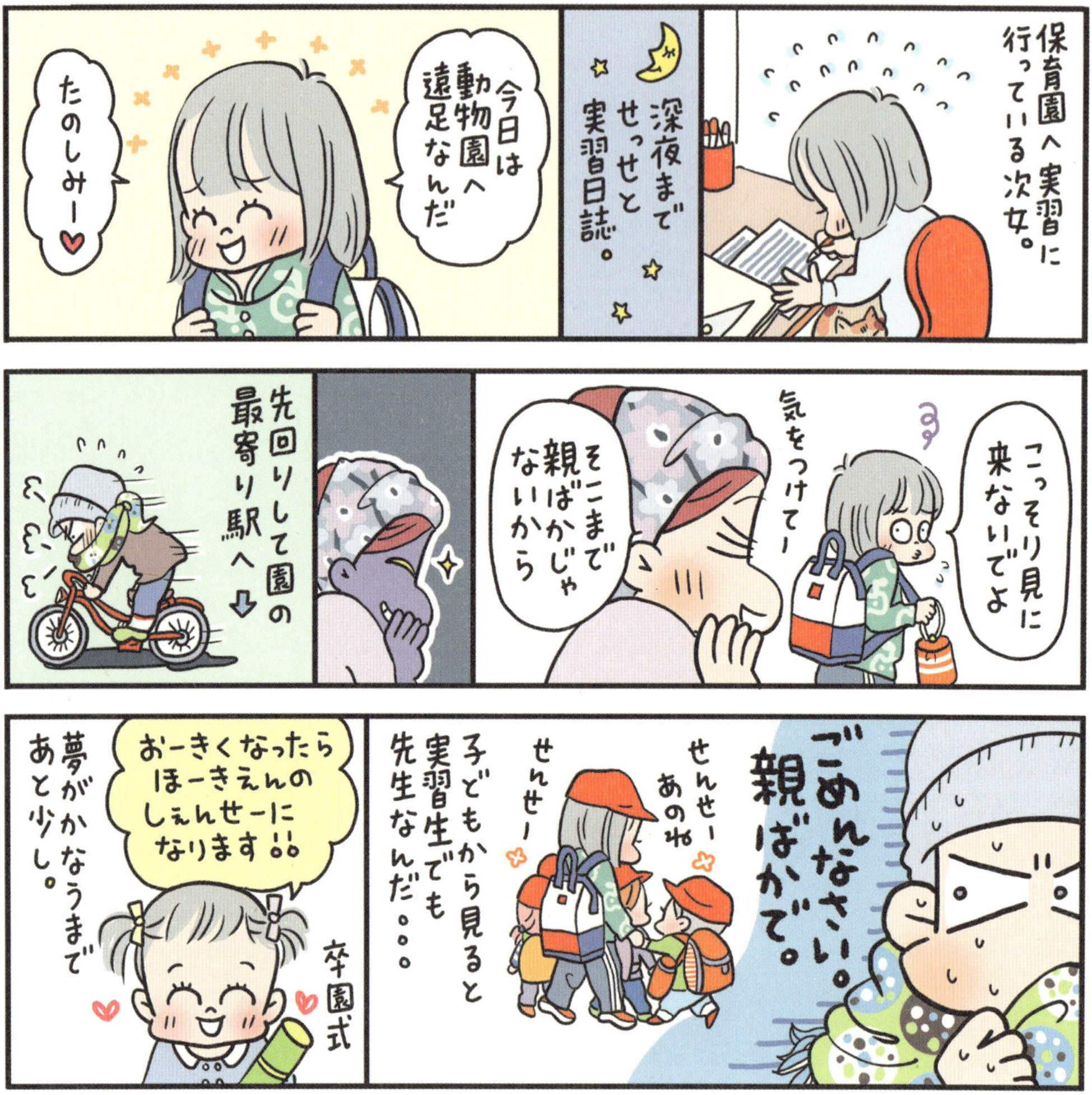

改札で見た次女は
ちゃんとしていて
ほっ-3-3-3

実

習日誌とは趣旨が異なるけれど、ふと、娘たちがお世話になった保育園の日誌を思いだした。

子どもの様子がユーモアたっぷりに書かれてある日もあれば、厳しくまっすぐに諭す日もあるので、頬がゆるんだり、気を引きしめたり。ちょっとした悩みにも、あたたかさがぎゅっと込められた返事が書いてあり、さながら子どもがテーマの交換日記のようでもあった。

とにかく日誌を読むのが楽しみで、家に帰るまで待ちきれずに、保育園の玄関で開いて読んだ日々が懐かしい。

今だからわかる。あれはお守りだった。

未熟なわたしを励まして、見守って、導いてくれたのは、保育士さんが綴ってくれた日誌という名のかけがえのないお守り。

作文を書くのが苦手な娘は、今日も実習日誌を一生懸命に書いている。娘の後ろ姿に、いつかの保育士さんたちの姿が重なって見える。子どもたちがお昼寝をしているときや、隙間の時間を縫うようにして、日誌をしたためてくれていたんだろう。

娘が書く文章は、お世辞にも上手とはいえなくてたどたどしさが残るけれど、いつかだれかのお守りになるような日誌が書けますように。

大変
幼い頃から保育士になりたくて
クラスの子がくれたの
かわいいよ〜♥
とんとん拍子な次女。
サッカーにかける情熱なら
だれにも負けない三女（技術は。。。）
大変
一方、目指す道は決めたものの、迷い始めた長女×××
〜3年前〜
スタメンとれなかったぁ
くやしいし苦しいけど日本一になるまで絶対がんばるって約束したんだ。。。
小6
だれと？
高3
自分とだよ!!
うわあぁん
わけのわからない姉妹愛
決めた!!
妹みたいにがんばる選手のサポートをしたい
本番はここから。
どんな道に向かっても追い風になって応援するから。
長女がこの漫画を見て泣いていた
鬼の目にも!?

乳

幼児3人を育てていた頃は、とにかく目まぐるしくて大変で。いったいどうやって家事と育児と仕事を回していたんだろう。流れる雲を目で追っていたのか、またたく星を眺めていたのかさえも覚えていない。ただ、大変さにのみ込まれないように必死だった。

　右手で次女の手をつなぎ、抱っこひもには末っ子を、左腕と左手にはスーパーの袋がふたつ。手をつなぎたがる長女には、コートの裾をつかむように諭した。あきらめたような、なんともいえない長女の横顔を今でも覚えている。あのとき、なんとかして手をつなげばよかった。大人になったわたしたちは、もう手をつないで歩かないのに。

「大変」って、大きく変わるときだと聞いたことがある。あの日々は、確かに強く大きく変えてくれた。

　育児が大変でため息をついている方も、仕事が大変でぼやいている方も、大きく変わっているときだからこそ。進路に頭を抱えている子どもだって、きっとそう。

　21歳の長女の横顔には、いつかのあきらめたような面影はひとつもない。むしろ逆で、絶対にあきらめないという決意さえ見える。大変って、案外いい言葉なのかもしれない。

乱高下

思春期をグラフで表すと・・・

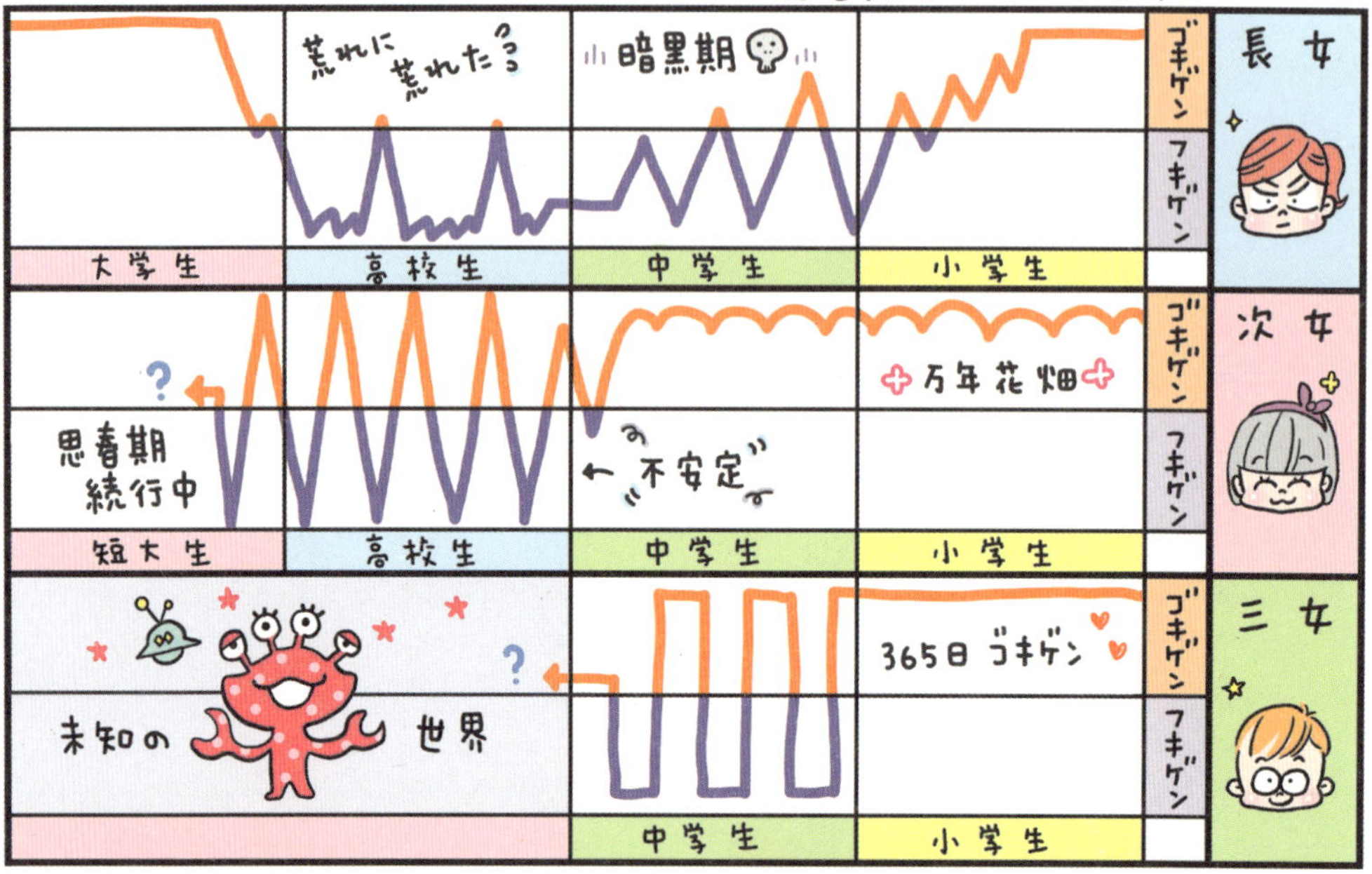

三人三様、三者三様、各種各様、言い方はいろいろあれど、見事に違う3人の子どもたち。

子どもたちが機嫌のいいときは、キャラクターが異なる3人の友達がいるようで、気楽だし会話もはずむ。委員長タイプで物知りな長女、おしゃれが好きでミーハーな次女、体育会系でお笑いが好きな三女。家族全員が笑い上戸だから、大きな笑い声が近所迷惑になっていないかと心配になる。

逆に、だれかひとりでも機嫌が悪いと雰囲気は一気に急降下。機嫌の悪さは伝染病のようにうつるから、空気がぴりぴりとして息苦しい。

この年月で、悟ったことはただひとつ。それは、まどわされないこと。少し前までは、子どもの機嫌に振り回されて、こちらまで眉間にシワをよせていた。でも、機嫌が悪いと、なにもかもが色褪せてつまらなくなってしまう。

コックピットに乗り込んでいるのはわたしだから。自分の人生を上機嫌に操縦して過ごしていこう。

いつの日か子どもたちがそれぞれの道を歩んで巣立ったとき、「そういえば、お母さんっていつも笑っていたなぁ」。そんなふうに思いだしてもらえたらなにより。

食卓

とりあえず
カーテン設置。。。

家族で食卓を囲むのは、当たり前だと思っていた。

いつからだろう。長女と次女がそれぞれアルバイトを始めるようになり、三女もサッカーで帰宅時間が遅くなり、４人でそろう時間が、ほとんど無くなっていたのは。

「お箸はこうやって持ってごらん」

「口に食べものを入れたまま話しちゃだめだよ」

「ほら、左手はお皿でしょ」

「どうして肘《ひじ》をつくの？」

競うように話をしたがった子どもたちの言葉をさえぎるように、真面目な顔で注意ばかりしていたあの頃。ばかみたい、わたし。

たわいなくて、たどたどしい小鳥のさえずりのようなおしゃべりに、もっと耳を傾ければよかった。もっと笑えばよかった。マナーなんて後回しでよかった。

子育てはだれのため？　しつけができていると褒められたかったの？　いったいだれに？　自問自答という名前の後悔が、頭のなかを行ったり来たり。

ぎゅっと目を閉じて思いを馳せる。それなのに、あのときのおしゃべりの内容が、どうしても思いだせない。子どもたちの言葉のひとつひとつが、きっと虹色に輝いていたはずなのに。

2

3

4

1

9

思春期 10カウント

タイムマシンに乗って

コラム

COUNT 1

たったひとつの物語

もう15年以上も前のこと。はじめての子育てで右も左もわからず、幼い娘に振り回されてばかりのわたしは、3人のお子さんを育てているお母さんに会うたび、「ベテランの先輩！」と、驚きと憧れの眼差しで眺めていた。ところが、いざ、自分がその立場になると、なんのベテランでもないことに気がついて、ひとりで苦笑い。

子どもたちは、それぞれが違う個性と輝きを持って生まれてくるから、そのたび、はじめての子育てが始まる。悩む内容だって、当然、がらりと違う。

長女を育てているときに夜も眠れないほど悩んだことが、次女にはまったくあてはまらない。逆に、長女には思いもよらなかった悩みが、次女で一気に押し寄せてきたり。上の2人には無縁だったことが、三女にとって、いちばんの悩みになったことも。こうして文字にしてい

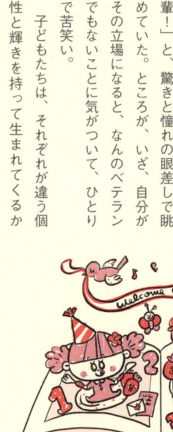

るだけで、頭のなかはすでにごちゃごちゃ。

子育てはトライアスロンに似ている。

ひとつの大きな悩みが壁のごとく目の前に立ちふさがり、知恵と勇気と愛情を振り絞って壁を乗り越える。一件落着とばかりに、ゆっくりとあくびをするために腕を伸ばした瞬間、次の悩みがやってくる。それも厄介なことに、手を変え品を変え。

壁を乗り越えること、早20年。いまだにゴールがどこにあるのか、そもそもゴールなんてあるのかさえもわからないまま。

だからこそ、へとへとに疲れてしまう前に上手に肩の力を抜かないと。いつも全力でがんばっていたら、気持ちも身体も倒れてしまうから。わたしが3人の子育てをしながら身についたのは『育児のベテラン』ではなく『力の抜き方のコツ』かもしれない。

子育て中のお母さんお父さん、ゴールはきっとはるか遠い先。だからこそ、焦らず慌てず、ふうっと深呼吸をしませんか？　世界にたったひとつの子育て物語を紡いでいくためにも。

コラム

COUNT 2

星がきれいだね

藍色の空に浮かぶ星を見るたびに思いだすのは、あの日、出会った親子のこと。

仕事がひと段落したので温泉へ向かい、露天風呂でほおっとしていると、若いお母さんと3歳くらいの男の子が湯船に飛び込み、お湯を掛け合いだした。日付が変わろうとしている時間帯ということもあり、隣にいたご婦人が静かにたしなめると、親子は、「は～い、あっち行こ！」と、お風呂から上がってビーチチェアに寝転んだ。子どもをおなかの上に抱く姿は、まるでラッコの親子。

「ほら、リョウヤ見て。星がきれいだね～」

「うん、お星さま、きれい！」

それは、どこにでもあるたわいない親子の会話。

「星があっちからこっちに流れるのを見たら、すっごくいいことがあるんだって」

流れ星を見たら願いごとが叶うんじゃなかった？　ぼんやりと考えていると、男の子が無邪気に言葉を続ける。

「ボク見たことないよ。ママあるの？」

「うん、あるよ～」

「いいないいな、すっごくいいことあった？」

こぽこぽとお湯が流れる音以外はなにも聞こえないので、自然と会話が耳に入ってくる。あのお母さんは、いったいどんないいことがあったのかな？

「あったよ。リョウヤに会えたよ！」

思いがけない一言に、胸がぎゅっと締め付けられた。なんて素敵なお母さん！

一瞬でも騒がしいと眉をしかめた自分が情けない。

ふと親子のほうを振り返ると、男の子が静かに泣いている。涙をぬぐいながら、優しく子どもの髪を撫でるお母さん。

ああ、嬉しいんだ。耳元で親から囁かれる言葉が嬉しくてたまらないんだ。わたしはあのお母さんのように、嬉しさや喜びで包めているのかな？

コラム

COUNT 3

13歳の決意表明

散らかっている子ども部屋にうんざりしながら掃除機をかけていると、無造作に置かれた書きかけの原稿用紙が目にとまった。軽い気持ちで読み始めたはずなのに、反抗期と思春期のはざまで揺れる13歳のリアルな三女の姿に引き込まれ、いつしか胸をつかまれていた。

「夢は必要か、現実は必要か」と、強い筆跡で記されている。

たぶん、国語の弁論につかう原稿だろう。そういえば、長女と次女も中学生の頃、弁論のテーマに頭を抱えていた。2人は、「中学生に携帯電話は必要か」「いじめ問題を考える」という、いかにも中学生にありがちな題材だったので、内容すら覚えていない。

三女の文章は淡々としているものの、ときおり苛立ちを覚えているのか、こんなことが綴ってあった。

「小学生まで周りの大人は、将来は何になりたいの？と、決まり文句のように聞いてきた。正直に答えると、にっこり笑って頭をなでられた。それなのに、中学生になったとたん、同じ質問をされて答えると、そんな夢物語はそろそろおしまいにして、現実的な話をしましょうとたしなめられる。

夢は必要だ。私の夢を絶対に馬鹿にしない大人が一人だけいる。母だ。プロのサッカー選手になりたいと話すと、『絶対になれるよ！　かっこいいポーズでポスターに映るあなたの姿が目に浮かぶんだよね』と言ってくれた。私は夢をつかんでみせる。中学生に現実なんてまだいらない。夢を叶えたあとに考えればいい」

それは、13歳の決意表明。
最近はふてくされてばかりで口数も少なく、何を考えているのか、さっぱりわからない。でも、仏頂面の裏側に隠されているまっすぐな気持ちに、ほんの少し心が触れた気がする。
子どもの夢に水を差さずに本気で応援をしようと思う。周りの大人がたしなめるのならなおのこと。たとえそれがどんな夢だとしても、叶わなくても。

コラム

COUNT 4

甘えん坊の怪獣は

子どもたちが幼いころ、よく口にだした家族サービスという言葉。おっくうだけど仕方ないというニュアンスも込めてつかっていた。普段はどんなに大声で起こしても起きないのに、休日になると早起きな子どもたち。目覚まし時計より早く、小さな怪獣が起こしにやって来た。

それでも、なんとか起き上がって出かける準備をするのは、笑った顔や、はしゃいだ顔が見たいから。ただ、それだけ。

動物園へ行こうか。象の大きさに驚いて目をまるくして、キリンの首の長さを不思議に思って首をかしげよう。帰りの車の後部座席では、はしゃぎ疲れて、ぐっすりと眠る3人の子どもの姿。

楽しんでくれてよかったという気持ちが半分。もう半分は、家族サービスの任務終了という責任にも似た気持ち。

そして今、大学生、高校生、中学生と大きく育った子どもたちは、思い思いの休日を過ごしている。眠るわたしを起こす甘えんぼうの怪獣は、もうどこを探しても見つからない。

朝寝坊を堪能したあと、大きなあくびをしながら窓を見る。昨日は見渡す限り乱層雲だったのに、今日はうってかわって積雲が散らばっている。冬の澄んだ空に印をつけるかのように。

ふと思った。いつからだろう？　雲の名前を聞かれることも、雲の名前をおしえることもなくなってしまったのは。

ようやく気がついた。家族サービスだと思っていたすべてのできごとは、ほかのだれでもない自分自身へのプレゼントだったということに。

子どもたちが大きくなってから、胸の奥にぽっかりと穴が空いたように感じる。そのさみしさを埋めるのは、いつかの嬉しそうな顔、驚いた顔、遊び疲れて眠る顔。ひとつひとつの思い出が、灯のようにあたたかくわたしを照らして、息を吹きかけるように、ゆっくりと胸の穴をふさぐ。

その灯があれば、この先もきっと歩いていける。大きなプレゼントを胸に抱えて。

コラム

COUNT 5

深くて強い贈り物

「お母さんのつけてくれた名前が大好きだよ」と笑う20歳の長女。

ついこの前、空気を震わせるような産声を響かせていたというのに、もう成人を迎えたなんて。はじめての子育ては、毎日がはらはらどきどきの連続だった。真っ赤な顔で泣き続ける娘を前に途方に暮れ、わたしまで涙ぐんだ日が懐かしい。

そういえば、生まれたばかりの娘を胸に抱いたとき、あまりの軽さに驚いた。目まいにも似た驚き。でも、軽いのに重い。あのずっしりとした重さは責任だった。

泣いてばかりいた赤ちゃんは、いつしかわたしの背を軽く越した。なんにもおしえてあげられなかったと後悔をしているし、いいかげんな母親だったと反省もしている。できることなら許してほしい、いろいろなことを。つらいことをいっぺんに流せる水があったら、どこまでだってくみに行くのに。

それでも、家族という同じ小船に乗って、波間をたゆたいながらの冒険は居心地がよかった。笑ったり泣いたりを、いったいいくつ繰り返して、ここまでたどりついたのだろう。それなのに、もう下船しちゃうなんて。

20年間、育てさせてくれてありがとう。

四季の豊かさを、草花や雲の名前を覚えさせてくれてありがとう。どこまでも続く空の高さや、水面に映る小さな光を気づかせてくれてありがとう。

母親になるまで知らなかった感情を抱かせてくれてありがとう。たとえばふがいなさや、せつなさや、もどかしさや、やるせなさを。そして、豊かさと、優しさと、強さを。

ふと思う。いつか知ったあの重さは、責任だけじゃなかったことを。あれは、深くて強い愛情という名の贈り物だった。たくさんの愛情をあたえているつもりだったのに、あたえられていたのはわたしのほう。それも、両手では抱えきれないほどに。

長女の名前は凛。その名のとおり、次の船に凛々しく乗り込めますように。

帆をあげて

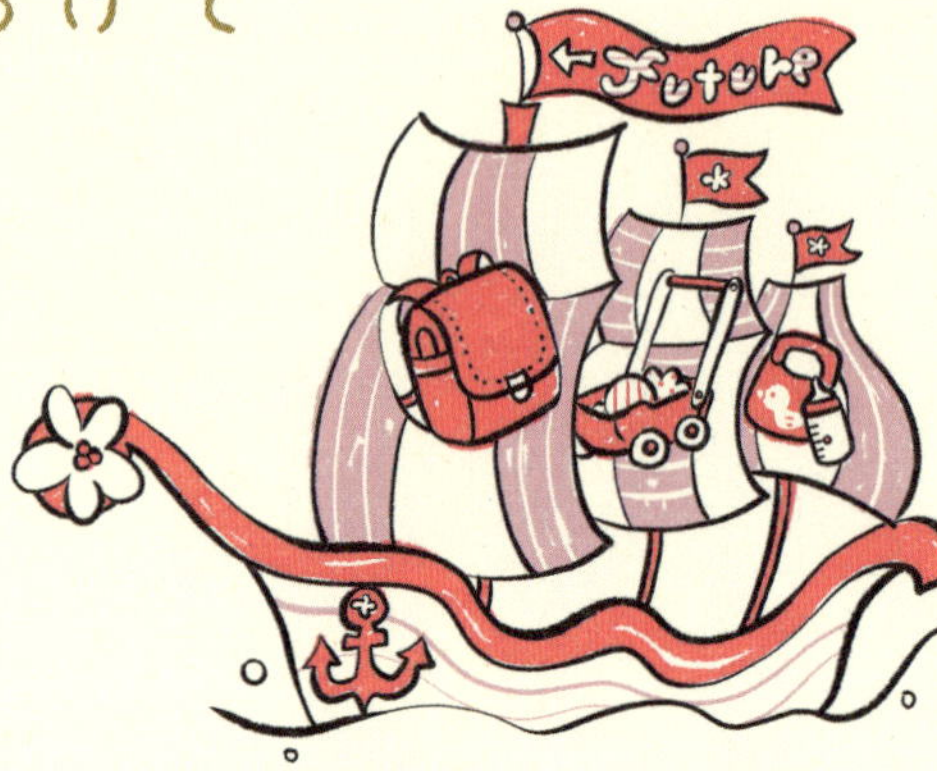

「はいこれ」と、小さな手から渡されたのは招待状。封筒をあけると、2分の1の成人式にお越しくださいと書かれてあった。

　ああ、もう10年が経ったんだ。か細いのに力強い産声を耳にした日から10年が。

　思春期の入り口に立って、まっすぐに前を見据えている10歳の長女。今、確かにわたしと娘のあいだに、大きなうねりのようなものが見えた。これまでのような親子ではいられないんだろう。

　どうしても聞いてみたい。この10年、いったいなにを見て、なにを聞いて、なにを口ずさんできたの？

　長女が赤ちゃんだったころ、夜泣きがあまりにもひどくて、とにかくへとへとだった。家のなかでさえこんなにうるさいんだから、さぞかしご近所迷惑だろう。

　あるとき、お隣に暮らすおばあちゃんが玄関先で日向ぼっこをしていたので、夜泣きでご迷惑をかけていませんか？　と、声をかけた。おばあちゃんは、わたしと娘の顔を交互に見たあと、静かに話し始めた。

「年に『つ』がつくうちは神様の子どもだから、大事に育てていればいいのよ」と。その穏やかな微笑みを、この先もずっと忘れないんだろうなぁと思いながらうなずいた。

ひとつからここのつまで、年齢に『つ』がついている。わたしの腕のなかで泣き疲れて眠る小さな子が神様の子どもなのかどうかはわからない。それでも、大事に育てようと胸の奥で誓った。

そして今、さらに10年という月日が経ち、泣きじゃくっていた小さな娘は、わたしの背を軽く越した。成人式を迎え、振袖をまとってうれしそうにはしゃぐ姿に、ふと、2分の1の成人式の面影を重ねる。

10年前には想像もつかなかった未来を歩んでいるけれど、それでもただ、子どもの歩む道に光を照らしたくて帆をあげている。荒波に負けないように高く、どこまでも高く。

コラム

COUNT 7

魔法使いにはなれないけれど

もしも魔法がつかえたら。

はるか遠い未来へ行って、大きくなった子どもたちの姿を見てみようか。それとも、そっと過去に戻って、まだあどけさの残る小さな子どもたちを、この腕に抱いて寝かしつけてみようか。

そんなふうに自問自答をしてみるけれど、答えはとっくに決まっている。赤ちゃんだったころに会いに行くと。

まっすぐに伸びた柔らかな手を、しっかりと握りしめるために。泣いたあと、まつげに残る涙の雫《しずく》を、優しく拭うために。くしゃっとした顔でもいっきり笑うその顔を、まぶたに焼き付けるために。

次から次へとあふれてくる望み。あれもしたい、これもしたい。でも、わかっている、すべては叶わない夢だということも。そもそも、魔法なんてつかえないということも。

子育ては、どうしてこんなにあっけないんだろう。

ただ、必死に育ててきた。泣きやまないことに、眠らないことに、食べないことに頭を抱えながら。一日も早く大きくなあれと、まるで呪文のように唱えていた日々。大きくなれば、きっとすべての悩みが解決すると疑わなかったあの頃。

それなのに今、どうしてかわからないけれど、過去に戻りたくてしかたがない。あのころ唱えていた呪文どおりに、子どもたちはまっすぐに育った。すこやかな成長が、なによりもうれしくてたまらないはずなのに、後悔に似た苦い思いが、ふとよぎる。

もっとゆっくり子育てを楽しめばよかった、あんなに急ぐ必要はどこにもなかったと、だれかが耳元でささやいている。その声を聞くたびに、胸の奥がちくりと痛む。耳元でささやいているのは、ほかのだれでもない自分自身。

魔法つかいになれなかったわたしは、これからも子どもたちの成長を見守っていくんだろう。せつなさと悔いを抱えながら。

コラム

COUNT 8

まだという名のおまじない

「赤ちゃんが生まれてから、上の子がかわいく思えない」「上の子ばかり怒ってしまう」。そんな声をよく耳にする。兄弟や姉妹を育てている方なら、だれもが通る悩みかもしれない。わたしもよくわかる、ひりひりと痛いくらいに。

忘れられない光景がある。

上の子が5歳、下の子が3歳のころ、打ち合わせが延びてしまい、初めて延長保育をお願いした。色濃く更ける夜に焦りながら保育園へ走り、長女のクラスに入った瞬間、どきっとした。目に映ったのは、小さくてきゃしゃな娘の後ろ姿。友達の輪に入らず、なにをするわけでもなく壁にもたれかかっている。名前を呼ぶと、背中がぴくりと上下に揺れ、見たことのない表情で振り返ったあと、泣きながら駆け寄ってきた。

普段の長女は口が達者で、なにかあるたび、もう5歳なのにとため息をひとつ。だけど、膝にしがみついて泣きじゃくる姿を見て気がついた。『もう』5歳じゃなくて『まだ』5歳。大きくてしっかりした子じゃなくて、小さくてまだまだあまえたい子なんだと。

それからは、いらだつ気持ちに、自然とブレーキがかかるようになった。そのブレーキこそが『まだ』という、たった2文字のおまじない。

公園やデパートで、ふとすれ違う親子。そのほっぺ、その手首、そのまつげ、まるみを帯びた姿を、わたしは知っている。そして、幼い子にいらだちを覚えていた、いつかの自分を恥じる。

日々の忙しさや、次々にやってくる子育ての難しさに迷っていると、ずいぶん前に抱えていた悩みを忘れそうになる。でも、それじゃだめなんだ。わたしたちが通ってきた道で、同じようにつまずいている方がいたら、手を差し伸べなくちゃ。

悩んでいる方に、どうか『まだ』というおまじないが届きますように。

コラム

COUNT 9

迷いの言葉がかわるまで

「この子はこういう子だから」

親は子どものことをすぐに決めつけたがる。まるで、図式にあてはめるかのように。わたしもそうだった。

思い通りにいかないと、大声で泣いてひっくり返る長女をなだめながら、胸のなかがざわめく。「こんなに我慢ができない子で、この先どうしよう」

体が弱くて発達も遅い次女との生活はとにかく大変だった。リハビリに通っても出口が見えなくて途方に暮れる。ため息まじりでてくる言葉は、「なにもできない子で、この先どうしよう」。

人見知りが強い三女。待機児童が多い区で、ようやく入れた保育園だというのに、毎朝泣きじゃくっては先生たちを困らせた。早足で仕事場へ向かいながらも後ろ髪が引かれる。体と心

が向かう方向はばらばらなまま、静かに呟く。「ずっと泣き虫だったら、この先どうしよう」

頭のなかや胸のなかで何度も繰り返す「どうしよう」の五文字。口にすればするほど、不安や焦りがじりじりと募るばかり。

ときが流れて気がついた。あんなに心配をしていた「この先」が、いったいいつを指していたのかはわからないけれど、子どものほうが親よりもずっとタフで、どうにかなるということに。それどころか、あのころの悩みが今では笑い話になっている。

我慢ができない子だったけど、どうにかなる。
発達が遅い子だったけど、どうにかなる。
人見知りが強い子だったけど、どうにかなる。
「どうしよう」という迷いの言葉は、「どうにかなる」と、おおらかな言葉へ変わっていた。子育て中に抱える悩みのほとんどは、案外どうにかなるのかもしれない。

その証拠に、どうにかこうにか大きく育ったわが家の３人の子どもたちは、今日も朝から笑って怒ってはしゃいで大騒ぎ。
今年もまたにぎやかな夏が終わりゆく。

コラム COUNT 10

未来はここにある

秋は次女と三女の誕生日がある。どんなケーキを用意しようかと考えていると、次女からは「友達が誕生会をしてくれるから、夜出かけていい？」と聞かれ、三女からは「誕生日はサッカーの遠征があるから」と言われて、力なくうなずく。ぽっかり空いたスケジュールを埋めるべく、三女のチームメートのお母さんと試合観戦へ出かけることにした。

幸運の女神がウィンクをしたのか、試合はＰＫ戦にもつれこんだ末、優勝を勝ち取った。こぼれそうな笑顔で高く掲げた優勝の盾。太陽の光が盾のガラスに反射して、おもわず目を細める。きらきらと揺れる光の粒を追いながら、ふと、娘が産声を響かせた瞬間がまぶたに浮かんだ。

すべての子どもたちは、きっと輝きを抱いて生まれてくる。その輝きを曇らせるのも、もっと輝かせるのも親次第。か細い産声を聞きながらぼんやりと誓った日に想いを馳せる。

誕生会真っ最中の次女からは、抱えきれない大きさのピザにかぶりついている写真が送られてきた。ピザには次女の名前と『19』という年齢が入っている。門限ぎりぎりに走って帰ってきた次女は、誕生会のできごとを身振り手振りを交えて、うれしそうに話している。

わたしが試行錯誤をしながら作ってきた、でこぼこの滑走路。そろそろ子どもたちが走る時期がやって来た。ずっと家族で円陣を組んで、笑ったり泣いたりしながらここまで来たけれど、飛び立つ日が訪れるのは、案外あっけない。

子育てが大変で、ため息ばかりついていたあの橙《だいだい》色の朝。自由な時間があったら、なにをしようかと考えていたあの藍色の夜。こんなにゆったりとした時間を過ごせる日が来るなんて思いもしなかった。そして、こんなにさみしいなんて。あわただしくて、めちゃくちゃだったあの日々が、ただ愛しくて懐かしい。

考えもしなかった未来が、今ここにある。

幼いころから新聞が好きで好きで大好きで。

小学生のとき、転校先の言葉がわからなくて困った覚えがある。クラスメートは人懐っこく話しかけてくれるのに、方言が強すぎてさっぱりわからない。職員室に駆け込むと、担任の先生が「※はんかくさいなぁ」と一言。その言葉すらわからなくて途方に暮れていると、一部始終を眺めていた別の先生が「新聞部に入りませんか?」と、誘ってくれた。標準語を話す救世主が現れる。とはいえ、部員はわたしだけの小さな部。

先生は、見出しの付け方からレタリングまで、真剣に教えてくれた。一丁前に腕章を巻いて、教師や生徒、地域の方にインタビューをして記事を書き、いつしか周りととけ込んでいた。

「先生、新聞部のおかげで学校が楽しい」と伝えると「新聞はいいだろう!」と、大きな声で笑った。転校して来たあの日、廊下の角でこっそり泣いていたわたしを気遣って、声をかけてくれたのかもしれない。

そのうち、学校新聞だけでは物足りなくなって、ハガキにイラストやコラムを書いては一般紙に投稿を始めた。採用されていますようにと祈りながら新聞を開き、掲載されていたときのあの喜び。目をぎゅっと閉じる癖は、うれしい気持ちが逃げないように閉じ込めるため。

※ばからしいなぁ

大人になった今でも新聞に自分の原稿が載っていると、泣きそうになる。
遠い日、日が暮れるのも忘れて、職員室の片隅で夢中で書いた学校新聞。むっとしたカーボン紙の匂い、硬くてひんやりとする鉄筆、輪転機のぎこちない音を覚えている。中指にあるペンだこは、鉄筆の勲章。

小学校を卒業するとき、先生が記念にと新しい鉄筆をくれた。学校新聞はカーボン紙から普通紙に変わっていたので、鉄筆はもう使わないのになぁと右手でくるくる回すと、彫刻刀で掘られた英語が目に入った。それは見慣れた先生の文字。
《berieve in yourserf》
辞書で調べてもでてこないので、中学校の英語の先生に聞くと「自分を信じなさいって意味。RとLが間違っているけれど」。どうりで辞書に載っていないはず。

2年にわたって新聞で連載をさせていただいた原稿が1冊の本になり、やっぱり目をぎゅっと閉じてしまう。拙著を先生の墓前に持って行くので「新聞はいいだろう！」と笑ってくださいね。スペルの誤字は内緒にしておきますので。
携わってくださった新聞社のみなさまと、手にとってくださった方へ感謝を込めて。

高野優

高野優

育児漫画家・絵本作家・イラストレーター
大学生、中学生の三姉妹の母
2008年「土よう親じかん」NHK Eテレ・司会
2009年「となりの子育て」NHK Eテレ・司会
2013年「ハートネットテレビ」NHK Eテレ・ゲスト
2014年 第62回日本PTA全国研究大会記念講演登壇
2015年 日本マザーズ協会よりベストマザー賞文芸部門を受賞
2016年「スッキリ!!」日本テレビ・コメンテーター
2018年 講演会講師派遣サイトスピーカーズより教育・育児部門で大賞を受賞
著書は「よっつめの約束」(主婦の友社)「思春期ブギ」(ジャパンマシニスト社)等、約40冊。
台湾や韓国等でも翻訳本が発売されている。
講演会は、マンガを描きながら話をするという独特なスタイルで、育児に関するテーマが人気。

本書は、東京新聞・中日新聞に連載の「思春期ブギ」(2015年6月から2018年1月まで)に、「エコママム」「ひがしかぐら」「家庭教育誌ないおん」に掲載のコラムを加え、さらに加筆、修正、再編集したものです。

思春期コロシアム
決戦のゴング 開幕編

2018年3月26日 第1刷発行

著 者 高野 優
発行者 古賀健一郎
発行所 東京新聞
〒100-8505
東京都千代田区内幸町2-1-4
中日新聞東京本社
電 話 [編集]03-6910-2521
[営業]03-6910-2527
FAX 03-3595-4831

装丁・本文デザイン 中村 健(MO' BETTER DESIGN)
印刷・製本 株式会社シナノ パブリッシング プレス

ISBN978-4-8083-1027-1 C0077

Thanks
安達さん（立体派手）
板橋さん（暖房命）
稲葉さん（全身聡明）
今川さん（可憐三昧）
長壁さん（微笑担当）
砂本さん（叱咤担当）
竹上さん（心は漢）
中村さん（心は乙女）
山崎さん（品格雛）
イケメンデスク（目の保養）